# Tennis – Regeln und Ratschläge

sport

ht

*Björn Borg (Schweden)*
*ist der überragende Spieler seiner Zeit. Hier holt er zu einem seiner gefürchteten beidhändigen Rückhandschläge aus. Die Haltung ist vorbildlich, da er zur Schlagvorbereitung dank seiner vielgerühmten Leichtfüßigkeit offensichtlich genügend Zeit hatte. Eines der Geheimnisse seiner Stärke ist, daß Borg Vorhand und Rückhand gleichermaßen druckvoll und plaziert zu schlagen vermag.*

# Tennis - Regeln und Ratschläge

Von Wolfgang Lencer

neu bearbeitet von Dieter Koditek

Humboldt-Taschenbuchverlag

humboldt-taschenbuch 253
Umschlagbild: laenderpress
Fotos: R. & A. Photofeatures Ltd., London (Frontispiz und Seiten 37, 40, 41, 53, 55); Fred Heister, Volketswil/Schweiz (Seite 35); Sven Simon, Essen (Seiten 43, 63); I. Groll, München (Seite 47); Hans Rost, Schweinfurt (Seite 50); Pressefoto Baumann, Ludwigsburg (Seite 51); Volker Looman, Friedrichshafen (Seite 59); Herbert Rudel, Stuttgart (Seite 71); Archiv der Zeitschrift »Tennis« (Seiten 45, 57, 69).


Druck: Presse-Druck, Augsburg
Printed in Germany
ISBN 3-581-66253-1

# Inhalt

# Vorwort

Dieser kleine »Tennis-Leitfaden«, der eine Fülle *aktueller* Information anbietet, geht bewußt über die üblichen Tennis-Lektionen hinaus. Soll der weiße Sport Spaß bereiten, ist die genaue Kenntnis aller Dinge, die mit Tennis zusammenhängen, unbedingt erforderlich. Darüber hinaus habe ich versucht, praktische Ratschläge für alle Situationen zu geben, die vor, während oder nach einem Wettkampf entstehen könnten. Natürlich erfahren Sie alles über den elementaren Aufbau der Trainingsstunden. Theorie brachte aber noch kein Talent voran. Deshalb steht dieses Buch unter dem Motto »Aus der Praxis – für die Praxis«!
Nur wer sich bemüht, gewonnene Erkenntnisse auch in die Tat umzusetzen, kommt auf seinem sportlichen Weg weiter. Die Strecke vom ersten Ballduell bis zum Turnierspieler beträgt allgemein zehn Jahre. Sie können selbstverständlich Ihr erstes Klubspiel bereits nach zwölf Monaten wagen. Es liegt aber an Ihnen, was Sie noch hinzulernen wollen. Ich jedenfalls wünsche Ihnen viel Erfolg.

Der Verfasser

# Allgemeines über den Tennissport

»Ich rate dir dringend: spiele Tennis! Gutes Tennisspiel ist das ›Sesam-öffne-Dich‹ in jedem Erdteil. Die verschiedenen Sprachen sind kein Hindernis für den Tennisspieler. Die Möglichkeit, sich körperlich auf der Höhe zu halten, ist wohl der größte Vorteil, den das Tennis seinen Anhängern bieten kann!«

*William Tilden* (Amerika),
einer der besten Spieler aller Zeiten

## Die Situation in der Bundesrepublik

Tennis, auch »weißer Sport« genannt, erlangte in den vergangenen zehn Jahren einen ungeahnten Aufschwung. Umfragen haben ergeben, daß jeder sechste Bundesbürger, so er dazu in der Lage wäre, gern Tennis spielen würde. Aus dem sogenannten Saisonsport wurde dank der explosionsartigen Entwicklung des Hallenbaus immer mehr ein ganzjähriger Sport. Zu den im Deutschen Tennis-Bund (DTB) registrierten Mitgliedern, deren Zahl im Verlaufe des Jahres 1978 die Millionengrenze überschritt, kommen noch ganze Legionen von Freizeitspielern, die auf öffentlichen Anlagen oder in privaten Hallen den Schläger schwingen. Die Kaste der Vereinslosen setzt sich keineswegs aus den einkommensschwachen Schichten der Bevölkerung zusammen. Die Hälfte besteht aus Geschäftsleuten, die viel Geld, aber wenig Zeit für Tennis besitzen und glücklich über die fest reservierten Stunden sind.

Die anderen würden, vor allem aus gesellschaftlichen Gründen, gern einem Tennisklub beitreten, können es aber nicht, weil 80

Prozent aller Vereine notgedrungen eine Aufnahmesperre erlassen mußten. Der Platzmangel ließ ihnen keine andere Wahl. Alljährlich halten sich Austritte und Neuanmeldungen die Waage. Schon bevölkern 50 Mitglieder und mehr einen Platz, deren Aktivität hauptsächlich am späten Nachmittag oder am Wochenende liegt. Als ideales Verhältnis werden rund 30 Mitglieder pro Platz angenommen. Da infolgedessen die Anzahl der Mitglieder beschränkt bleiben muß, die Unterhaltung einer Anlage aber weitaus mehr kostet, als es die Außenstehenden wahrhaben wollen, ist der von vielen gerügte hohe Beitrag eine unliebsame Notwendigkeit. Die Vereine würden lieber heute als morgen den Mantel der Exklusivität wegwerfen. Natürlich befinden sich die Großstädter in einer unangenehmeren Zwangslage als die Bewohner kleinerer Orte. Was nützt die Bereitschaft von finanzkräftigen Tennis-Enthusiasten, Geld für den Bau eines weiteren Tennisplatzes zu spenden, wenn der Verein nicht einen einzigen Quadratmeter Boden erwerben kann?

Diejenigen, die sich entschlossen haben, Tennis zu betreiben, aber in ihrem Heimatort keine öffentliche Anlage vorfinden, müssen halt in den sauren Apfel beißen und nach Anmeldung bei einem Tennisklub einige Zeit auf die Aufnahme warten. Im Prinzip erreicht jeder nach 12 bis 14 Monaten sein Ziel, da erwartungsgemäß 20 bis 30 Klubmitglieder zum Jahresende austreten. Manchmal sind es sogar mehr.

Autofahrer und jene, die eine günstige Verbindung mit öffentlichen Verkehrsmitteln vorfinden, sollten noch aufnahmebereite Tennisvereine an der Peripherie der Städte oder in anliegenden kleineren Orten ausfindig machen. Andererseits besteht bei vielen Vereinen die Möglichkeit, trotz Aufnahmesperre Mitglied zu werden, wenn sich der Neuling verpflichtet, nur an den Vormittagen zu spielen.

Fazit: Wenn man sich etwas bemüht und nicht gleich pauschal über die Tennisvereine schimpft, wird sich der Wunsch, Tennis zu spielen, sicherlich realisieren lassen.

# Die Entstehung des Tennissports

Vor dem Versuch, die Geheimnisse des weißen Sports zu ergründen, ist ein Ausflug in die Geschichte des Tennisspiels äußerst reizvoll. Höchstens zwei von zehn Hobbyakteuren kennen die Entstehung der doch seltsamen Zählweise. Selbst Vereinsmitglieder, die schon jahrelang den Tennisschläger schwingen und Turniere absolvieren, schütteln immer wieder den Kopf, wenn sie Jugendlichen die Herkunft der Zählweise erklären sollen. Tatsächlich sind die Regeln für die Laien oft ein Buch mit sieben Siegeln. Warum gerade 15:0, warum wird bei 40:40 aufgehört zu zählen und nach einem weiteren Ballwechsel »Vorteil Aufschläger« oder »Vorteil Rückschläger« gerufen? 1877 formten vier Engländer *(Jones, Marshall, Heathcote* und *Walsh)* nach der Festlegung der Zählweise und der Maße des Platzes die am 23. Februar 1874 patentamtlich geschützte Ballspielidee des englischen *Majors Wingfield,* der sogenannten »Sphairistique«, zu einer sportlichen Wettkampfart. Obwohl sich auch heute noch viele über den Ursprung dieser Ballspielidee streiten, gibt es also keinerlei Rätsel über die Herkunft des heutigen Tennissports. Einige Schriften weisen das Spiel mit Ball und Schläger schon bei Odysseus nach. Die ernsthaften Forscher sehen allerdings im französischen »Jeu de Paume« (Das Schlagen des Balles mit der flachen Hand) den einzigen Vorläufer des weißen Sports. Gespielt wurde es vorwiegend an königlichen Höfen und in fürstlichen Hallen. Beim »Jeu de Paume« benutzten die Aktiven zunächst die flache Hand und später die vielbeschriebenen »Raquettes« mit Darm- oder Lederschnüren zum Schlagen des Lederballs mit weicher Füllung und geringem Springvermögen. Die Wände der Hallen wurden ins Spiel miteinbezogen. Noch bei der Schlagausführung erschallte das Wort »Tenez« (Da nehmen Sie). Daraus entstand dann das Wort »Tennis«. Zunächst sprechen alle nur vom »Field-Tennis«. Als diese Sportart in England und vor allem auf Rasen heimisch wurde, entwickelte sich der noch heute gebräuchliche Ausdruck »Lawn Tennis«. Grundsätzlich kämpften die Höflinge um 60 Sous (damalige französische Währung) für ein Jeu (Spiel), das vier Punkte umfaßte. Der einzelne Punkt kostete den Königen, Grafen, Herzögen oder Prinzen 15 Sous. Bald verschwand die

Zahl 60 zugunsten des damit identischen »Jeu« (Spiel). Man rief dieses Wort laut aus, sobald der Sieg feststand. Während die Franzosen an dieser Vierteilung festhielten, machten sich die Engländer, die am 9. Juli 1877 ihr erstes, später so berühmtes Wimbledon-Turnier austrugen, an die Vereinfachung der Zählweise heran. Das Spiel um Geld verschwand, und »Fortyfive« zu rufen, das lag den Briten überhaupt nicht. Man sagte einfach 40. Um bei einem ausgeglichenen Kampf nicht bis 90:90 zählen zu müssen, erdachten die Engländer das »Vorteil Aufschläger« und »Vorteil Rückschläger«. Die richtige Zählweise kann jeder im Anhang dieses Buches nachlesen.

Das heutige Tennis wäre allerdings ohne die Erfindung des luftgefüllten Balls unmöglich. Erst Mitte des 19. Jahrhunderts, als das neue Gold, Kautschuk genannt, die Welt eroberte, machten sich die Engländer Gedanken über eine bessere Ausnutzung der Möglichkeiten im Tennis. Wingfield hatte ja nicht das heutige Rechteck erfunden. Sein Platz verengte sich in der Mitte um drei Yards. Das Netz war an den Pfosten in Brusthöhe befestigt und senkte sich in der Mitte auf etwa 1,20 Meter. Bei einem derartigen Spielfeld konnte sich kein temporeicher Kampf entwikkeln. Warum auch, denn wer zum Schläger griff, dachte an Unterhaltung und nicht an Sport. Wer damals wagte, einen kurzen Ball anzubieten, galt als unfairer Gegner. Es dauerte viele Jahre, ehe die englischen Erfahrungen auf dem europäischen Kontinent Anhänger fanden.

Warum setzten gerade die Engländer all ihre Vorstellungen ungehindert durch? Das Geheimnis hieß Wimbledon. Innerhalb weniger Jahre entwickelte sich dieses Turnier im Vorort Londons zum Tennis-Mittelpunkt der Welt. Aus einer zunächst mit nur englisch sprechenden Teilnehmern durchgeführten Veranstaltung kristallisierten sich die »inoffiziellen Tennis-Weltmeisterschaften« heraus, durchgeführt vom »All England Lawn Tennis and Croquet Club«. Was die erfahrenen Gentlemen in diesem Klub dachten und realisierten, galt zu allen Zeiten und in allen Erdteilen als das einzig wahre Tennis-Evangelium. Erst in den letzten zwei Jahrzehnten wagten es einige nicht im All England Club sitzende Experten, den Briten zu widersprechen und einige Neuerungen anzupreisen. Die ehrwürdigen Herren machten natürlich süß-saure Mienen, zeigten sich aber als gute Sportler, die fortschrittliche Ideen nicht blockierten. Kein Mensch kann allerdings ihre Reaktion voraussagen, wenn sie eines Tages – wie auch die Amerikaner – von ihren geliebten Rasenplätzen Abschied nehmen müssen. Die Profis jedenfalls wollen sich nicht durch versprungene Bälle leichtfertig um einen großen Dollar-Scheck bringen lassen.

## Die Geschichte des deutschen Tennissports

Engländer brachten das Tennisspiel nach Deutschland. Die Kurorte Bad Homburg vor der Höhe (1876) und Baden-Baden (1881) gründeten die ersten Vereine und erstellten Platzanlagen. Hier fanden auch die ersten Turniere mit vorwiegend englischer Beteiligung statt. Die nächsten Stationen hießen dann Freiburg (1883), Bad Pyrmont und Hamburg (beide 1885). In der norddeutschen Hansestadt fiel der weiße Sport auf besonders fruchtbaren Boden. Schon 1892 kamen die ersten Internationalen Meisterschaften von Deutschland zum Austrag. Bad Homburg wollte diese Attraktion selbst anbieten – aber nach drei Jahren kehrte dieses immer mehr beliebte Turnier nach Hamburg wieder zurück.

Die Lehrbücher aus der Anfangszeit des Tennissports wirken auf den heutigen Betrachter wie eine humorvolle Lektüre. Es dauerte lange, ehe sich aus dem Spiel ein Wettkampf entwickelte. Aufregung herrschte im »Tennisvölkchen«, als der erste Engländer von oben aufschlug. Wie hieß es doch in den Lehrbüchern: »Man serviert, indem man den Ball auf den Schläger fallen läßt und den Schläger von unten nach oben bewegt!« Und weiter: »Es gehört eine besondere Geschicklichkeit dazu, den ›Ballen‹ an solche Punkte zu schlagen, wo keiner steht.« Großartig auch dieser Ratschlag: »Man lasse den Ball an sich herankommen und überlege dann mit Ruhe, wohin man ihn zu schlagen hat. Man spiele nie mit zerfetzten Bällen, mit zu vielen Ringen an den Fingern, mit zu engen Halskragen und Schuhen.« Stopbälle blieben verpönt. Schlug jemand mit dem Rahmen, entschuldigte er sich ebenso wie bei einem Netzroller. Das ist bis heute so geblieben, jedoch änderte sich die innere Einstellung gänzlich. Dem Lippenbekenntnis »Entschuldigung« steht das Wort »Gott

sei Dank« im Herzen gegenüber, wenn der Ball von der Netzkante auf die gegnerische Seite fällt.
Die Gründung des Deutschen Tennis-Bundes erfolgte im Jahre 1902. Zu dieser Zeit stand der Tennissport in England bereits in der ersten Blüte. Dann ging es allerdings Schlag auf Schlag. Die Tennisvereine schossen wie Pilze aus dem Boden. Ausgerechnet auf dem Höhepunkt mußte das deutsche Tennis harte Schläge einstecken: 1914, als *Otto Froitzheim* und *Oskar Kreuzer* auf der Rückfahrt vom Daviscup-Interzonenfinale in Amerika durch den Kriegsausbruch überrascht und interniert wurden, 1929/1933, als Unfalltod *(Hans Moldenhauer)* und Emigration *(Daniel Prenn)* die deutsche Davispokal-Mannschaft sprengten, und 1938/39, als die Kaltstellung *Gottfried von Cramms* erfolgte. Mit dem Duo *v. Cramm/Henner Henkel* wäre der größte Wunsch der Tennisspieler, nämlich den Davispokal zu gewinnen, sicherlich in Erfüllung gegangen.
Auf allen herausragenden Turnieren der Welt und bei den bedeutendsten Mannschaftswettbewerben sorgten diese Namen für deutschen Tennisruhm. Der Berliner Klub LTTC Rot-Weiß Berlin schrieb ein ganz hervorragendes Kapitel deutscher Tennisgeschichte. Hier fanden vor dem Zweiten Weltkrieg sämtliche großen Davispokalkämpfe statt, alle bekannten Spieler traten diesem ruhmreichen Klub bei, der 1972 sein 75jähriges Bestehen feierte und das Wort »Leistungssport« stets an erster Stelle führte. Verständlicherweise wirkte sich die neue Lage nach der Teilung Deutschlands auf Berlin recht unvorteilhaft aus. Trotz immenser Anstrengungen und erstaunlicher Opfer blieb Berlin eine neue Blüte versagt, obwohl *Gottfried von Cramm* den Vorsitz dieses Vereins übernahm.
In der bisherigen Tennisgeschichte standen die deutschen Spieler 20 Jahre lang außerhalb der weltweiten Tennisfamilie. Je fünf Jahre Erster und Zweiter Weltkrieg, je fünf Jahre geduldiges Warten, ehe die Mitglieder des Internationalen Tennis-Verbandes einer Wiederaufnahme des Deutschen Tennis-Bundes zustimmten. Die Fachwelt horchte allerdings auf, als 1951 ein 42-jähriger *Gottfried von Cramm* die deutsche Davispokal-Mannschaft noch ins europäische Finale brachte, wo es jedoch eine klare Niederlage gegen Schweden gab. Das geniale Können *Gottfried von Cramms* drückte sich darin aus, daß bis auf *Len-*

*nart Bergelin, Sven Davidson* (beide Schweden) und *Jaroslav Drobny* (Exil-Tscheche) die gesamte europäische Elite dem Deutschen unterlag. Ohne Krieg hätte es eine blendende Laufbahn dieses begabten Tennisspielers gegeben.

Eine große Anzahl bedeutender Trainer sorgte in Deutschland stets für eine spielstarke Spitzengruppe. Energie und Ausdauer, Fleiß und geschickte Planung führten zum ungeahnten Aufschwung nach dem verlorenen Zweiten Weltkrieg. Die Freude auf der einen Seite (immer mehr Mitglieder) brachte aber zwangsläufig Wehklagen (viel zu wenig Trainer). Der Deutsche Tennis-Bund fing mit 70 000 Mitgliedern an, heute sind es schon weit über 1 000 000! Es wird noch Jahre dauern, dieses Trainerproblem zu lösen, obwohl gescheite Köpfe ständig nach einem Ausweg suchen.

## Die größten Erfolge deutscher Spieler

Innerhalb von 60 Jahren standen erst acht Herren und sechs Damen des Deutschen Tennis-Bundes auf der Weltrangliste. Bis 1914 schafften *Otto Froitzheim* und *Robert Kleinschroth* den Sprung in die Weltelite. Von 1929 bis 1939 kamen *Daniel Prenn, Gottfried von Cramm* und *Henner Henkel* unter die ersten zehn weltbesten Spieler. Mit seinem zweiten Rang in den Jahren 1934/35 und 1937 erreichte *G. v. Cramm* die beste Einstufung aller deutschen Spieler. 1939 stellten einige Experten den deutschen Tennisbaron sogar an Nr. 1, obwohl er an den großen internationalen Meisterschaften nicht mehr teilnehmen durfte. Nach dem Zweiten Weltkrieg fanden nur noch *Wilhelm Bungert* und *Dr. Christian Kuhnke* Gnade. Bei den Damen kam die erste deutsche Spielerin *(Cilly Aussem)* erst 1928 auf die Weltrangliste. Ihr folgten *Paula Stuck, Hilde Krahwinkel* und nach 1945 *Edda Buding, Helga Hösl-Schultze* und *Helga Masthoff-Niessen. Cilly Aussem* (1930 und 1931 jeweils Nr. 2) wies das beste Ergebnis auf.

Zu den erfolgreichsten Spielern aller Zeiten zählt zweifellos *Gottfried von Cramm.* Er stand dreimal hintereinander im Wimbledon-Finale (1935–1937), gewann 1934 und 1936 die Meisterschaften von Frankreich sowie mit *Henner Henkel* die Doppel-

Konkurrenz bei den Titelkämpfen von Amerika. Im Davispokal-Wettbewerb brachte v. Cramm das deutsche Team gleich viermal ins Interzonenfinale*.
Dann folgen die Namen *Otto Froitzheim, Henner Henkel* und *Wilhelm Bungert. O. Froitzheim* erkämpfte sich vor 1914 unzählige Titel und Meisterschaften, holte sich – als Tennis noch im olympischen Programm stand – 1908 in London und auf Rasen die Silbermedaille. *Henner Henkel* zählte in seiner Glanzzeit zu den fünf besten Spielern der Welt, ebenso wie *Wilhelm Bungert,* der 1967 das Wimbledon-Finale erreichte und 1970 mit *Dr. Ch. Kuhnke* in die Schlußrunde des Davispokals einzog. Als es noch Weltmeisterschaften auf Hartplätzen (Asche) gab, trugen sich in den Jahren 1912–1914 *O. Froitzheim, O. Kreuzer, R. Kleinschroth, M. v. Bissing* und *Mieken Galvao-Riek* in die Siegerlisten ein.
In der jüngsten Zeit sind aufsehenerregende Erfolge deutscher Spieler sehr rar geworden. Der größte Wurf gelang im Mai 1976 *Karl Meiler,* der mit dem Polen *Wojtek Fibak* den – freilich inoffiziellen – Titel eines Profi-Weltmeisters im Doppel errang.

## Der ewige Wettstreit zwischen »früher und heute«

Es ist müßig, darüber zu streiten, wer das bessere Tennis
spielte, der Weltmeister von früher oder der Champion von
heute. Der Mensch ist ein Produkt der Umwelt. Wirkliche
Könner entwickeln sich deshalb in jeder Gemeinschaft.
So hätte sich eben ein William Tilden auch 1960 zurechtgefunden, natürlich mit einem anderen Stil als früher.

*Henry Cochet,* französischer Wimbledonsieger

Denken Sie ja nicht, daß Sie in Ihrem Klub oder Bekanntenkreis um das Thema »Früher oder Heute« herumkommen. Einmal werden auch Sie sich mitten in dieser Diskussion befinden. Als der junge Franzose und spätere Wimbledonsieger *Jean Borotra* im Jahre 1921 den damals noch sattgrünen Rasen im Tennis-

* In diesen Spielen treffen die Sieger der Zonen Europa, Asien und Amerika aufeinander.

Mekka zum ersten Male betrat, ahnte er keineswegs, daß er 36 Jahre später als einer der wenigen Augenzeugen die Frage beantworten konnte, wer nun eigentlich besser spielte, der Amerikaner *William Tilden* oder jener *Lewis Hoad*, der im Wimbledonfinale 1956 gegen seinen australischen Landsmann *Ken Rosewall* das gewaltigste Tennis seit Jahren spielte. *Borotra* saß kopfschüttelnd in der Spielerloge. Eine derartige Flut von phantastischen Grundschlägen verschloß auch dem sonst so redegewandten Franzosen den Mund. Faszinierend und brillant – nur diese Worte fanden die englischen Journalisten für ihre Berichte. Diese Leistung brachte den Australier in den Kreis der besten Spieler aller Zeiten, obwohl er nicht wie sein Landsmann *Rod Laver* oder der Amerikaner *Donald Budge* den berühmten und ebenso begehrten »Grand Slam« (den Gewinn der Meisterschaften von Australien, Frankreich, England und Amerika in einem Jahr) errungen hatte.

Auch die jüngste Zeit hat wieder einen Spieler hervorgebracht, der als »Unsterblicher« in die Tennis-Geschichte eingehen wird: Der Schwede *Björn Borg* gewann von 1976 bis 1980 fünfmal in ununterbrochener Reihenfolge das Wimbledon-Turnier und stellte damit einen Rekord auf, mit dem er sich auf ewig ein Denkmal gesetzt haben wird.

Obwohl alle Vergleiche mit der Vergangenheit hinken, obwohl jeder diese Tatsache anerkennt, werden die Experten nach einem großen Tennis-Erlebnis mit magischer Kraft zu jener Frage hingezogen, die kaum zu beantworten ist, die aber jeder beantwortet haben möchte: Wer spielte nun wirklich stärker – die *Tilden, Lacoste, Cochet* und *Crawford,* oder *Kramer, Gonzales, Hoad* und *Laver,* oder vielleicht doch die heutige Generation mit *Borg, McEnroe, Connors, Lendl, Vilas* und *Gerulaitis?* Die Meinungen darüber werden immer auseinandergehen.

## Warum keine olympischen Tennis-Wettbewerbe?

Von 1896 bis 1924 stand Tennis sechsmal im olympischen Programm. Deutschland errang 1896 in Athen eine Goldmedaille durch *Fritz Thraun* (mit dem Engländer *Paul Boland* im Herren-Doppel), 1908 in London eine Silbermedaille durch *Otto*

*Froitzheim* im Herren-Einzel, 1912 in Stockholm eine Goldmedaille im Gemischten Doppel durch *Dora Köring/Heinrich Schomburgk*, eine Silbermedaille durch *Dora Köring* im Damen-Einzel und eine Bronzemedaille durch *Oskar Kreuzer* im Herren-Einzel. Danach kapitulierte das Internationale Olympische Komitee vor den immer größer werdenden Schwierigkeiten. Der eingefahrene Turnierkalender ließ sich alle vier Jahre nicht mehr auseinanderreißen, und keiner fand einen von allen akzeptierten Austragungsmodus.
Der Weltverband sah schon damals in den Olympischen Spielen ein Hindernis für den normalen Meisterschaftsablauf und in Wimbledon eine gefährliche Konkurrenz. Deshalb zeigten sich die großen Tennisnationen hocherfreut, als das olympische Tennisturnier nach Paris in Vergessenheit geriet. Finanzielle Dinge spielten also überhaupt keine Rolle.
Der ehemalige italienische Daviscupspieler und Präsident des Weltverbandes, *Giorgio de Stefani,* wollte mit Unterstützung der Ostblockländer bereits für Rom (1960) das seinerzeit schon 36 Jahre ruhende olympische Tennisturnier wieder ins Leben rufen. Der Antrag fand keine Zustimmung. »Wenn man den Tennisspielern schon fast ein halbes Jahrhundert den Amateurstatus absprach, dann wäre es ja reiner Hohn, sie jetzt wieder mitwirken zu lassen«, lauteten einige bissige Kommentare, die aber am wahren Sachverhalt vorbeigingen. Wäre es wirklich nur um die Bezahlung gegangen, mußten auch – das weiß jeder – die olympischen Skiwettbewerbe dem Rotstift zum Opfer fallen. Einmal, bei den Spielen in Mexiko (1968), fand ein Turnier als olympische Rahmenveranstaltung statt. Die Hoffnungen, Tennis in München zu erleben, stiegen gewaltig. Plötzlich verlief alles im Sande, obwohl die Ostblockstaaten fleißig die Werbetrommel rührten. Die englisch sprechenden Nationen verspürten aber keinerlei Lust zum Wiederaufleben der olympischen Tennisturniere. Dennoch gibt es auch neuerdings wieder Bestrebungen, den weißen Sport ins olympische Programm aufzunehmen. Ob dieser Schritt sinnvoll wäre, sei angesichts der heutigen Situation im total kommerzialisierten Tennis-Geschehen freilich dahingestellt. Nicht einmal die besten Spieler des Ostblocks wären bei einem olympischen Turnier startberechtigt, da man ihnen kaum den Status eines Staatsamateurs zubilligen kann. Olympia-Gold für

einen viert- oder gar fünftklassigen Amateur, der im Profi-Geschehen nicht mitzuhalten vermag – wem soll dies dienen? Einen klaren, von allen unterstützten Kommentar gab kein Geringerer als der amerikanische Wimbledonsieger *Budge Patty*. Er meinte: »Ich fand es immer ganz natürlich, daß Tennis und Golf außerhalb der Olympischen Spiele standen. Sind das nicht die einzigen Sportarten, wo sich die Besten gleich mehrere Male in einem Jahr gegenüberstehen? Welcher Nutzen könnte dem Tennissport aus einem zusätzlichen Wettkampf erwachsen? Die Frage nach der besten Nation erledigt sich durch den Davispokal (der neuerdings auch noch Konkurrenz erhalten hat durch den Nations Cup. – Anmerkung des Verfassers). Für die individuellen Prüfungen stehen mit den inoffiziellen Weltmeisterschaften in Wimbledon (auf Rasen) und Paris (auf Asche) zwei herausragende Veranstaltungen bereit. Wollte man die besten Spieler ermitteln, müßte je ein olympisches Turnier auf Asche und auf Rasen ausgetragen werden.«

# Theorie und Praxis

Unmißverständlich möchte ich betonen: Die Bedeutung einer guten Ausrüstung können Sie gar nicht überschätzen. Falls Sie im Tennis vorankommen wollen, ist es falsche Sparsamkeit, minderwertige Schläger, Bälle oder Kleidung zu kaufen.

Wimbledonsieger *Tony Trabert* (USA)

Tennis ist ein Spiel jeden Alters, solange Sie sich Ihrer Grenzen bewußt sind. Deshalb kann man bei richtiger Dosierung Tennis ein Leben lang spielen.

Wimbledonsieger *Donald Budge* (Amerika)

## Über Kleidung und Schläger

Zu allen Zeiten galten im Tennis zwei ungeschriebene Gesetze: Weiße Kleidung und Ruhe beim Spiel. Diese doch einschneidenden Regeln finden wir weder in den Statuten des Weltverbandes noch in den Satzungen der Mitgliedsländer. Niemand vermag auch zu sagen, warum gerade die Farbe »Weiß« von allen als ideale Kleidung uneingeschränkt akzeptiert wurde. Sicherlich glaubten die Tennis-Urväter, daß »Weiß« als Einheitsfarbe aufs Auge immer noch am wohltuendsten wirke. Wer vom Klubhaus auf eine Anlage mit acht Plätzen schaut und vielleicht 24 spielende Akteure überblickt, müßte sich wahrscheinlich die Augen reiben, registrierte er nur blaue, grüne oder rote Kleidung. Viele Damen würden auf den Tennissport verzichten, dürften sie nur in einer für sie unvorteilhaften Farbe spielen. Wir kennen ja die Entwicklung der Tennismode. Zuerst lange Kleider, später kamen die Fußknöchel zum Vorschein, Blusen und überlange Röcke,

kürzere Röcke, Hosenröcke und schließlich kurze Minikleider und -röcke oder die »Hot pants«. Bei den Herren gab es nur drei Stufen: Lange, dann kürzere und schließlich superkurze, ja hautenge Hosen. Alle Kreationen aber blieben weiß.
Erst als die Berufsspieler des amerikanischen Ölmillionärs *Lamar Hunt* (World Championship Tennis) begannen, farbige Hemden und Hosen zu tragen, sicherten sich die Vereine, Verbände und Turnierveranstalter ab. Sie verankerten in ihren Satzungen und Turnier-Ausschreibungen die Forderung, nur weiße Tenniskleidung zuzulassen. Bekanntlich mußten die Veranstalter großer Meisterschaften bereits nach einem Jahr kapitulieren. Die Profis wollten auch auf den vom Weltverband kontrollierten Turnieren in farbiger Kleidung antreten. Der Deutsche Tennis-Bund tritt offiziell nach wie vor für weiße Kleidung im Tennis ein, doch lassen gewisse Merkmale darauf schließen, daß es sich bei diesem Verhalten offensichtlich um ein Rückzugsgefecht handelt. So duldet es der DTB durchaus, daß bei seinem Parade-Turnier, den alljährlich am Hamburger Rothenbaum stattfindenden Internationalen deutschen Meisterschaften, die Profis nach Belieben in farbiger Kleidung auftreten. Und auch auf Klubebene setzen sich zumindest die dezenten Farben immer mehr durch.
Auch bei den Schuhen finden wir ein reichhaltiges Angebot vor. Es bleibt dem einzelnen überlassen, ob er Leder- oder die bisher üblichen Leinenschuhe bevorzugt. Es kommt allein auf den Sitz und die Standfestigkeit an. Nehmen Sie für Aschenplätze stets Sohlen mit Rillenprofil. Spielen Sie nur auf Hartplätzen oder in der Halle (Holz, Zement), gibt es jetzt spezielle Schuhe, die Sie leicht in einem guten Sportgeschäft erfragen können. Wählen Sie vor allem beim Einkauf von Tennissocken nur gute Qualität. Ihnen bleibt dann die Blasenmisere erspart.
Die größte Sorgfalt legen Sie allerdings bei der Schlägerauswahl an. Obwohl Weltklassespieler zu entscheidenden Begegnungen mit sechs Schlägern den Platz betreten, umgibt die Cracks eine unerklärliche Unruhe, wenn ihr Lieblingsschläger ausfällt. Im Eiltempo wetzt ein Balljunge sofort zum Trainer, der blitzschnell die Saiten repariert. Erst wenn der Spieler diesen Schläger erneut in der Hand hält, ist auch für ihn wieder die Tenniswelt in Ordnung.

Für den Anfänger, ja selbst für den fortgeschrittenen Fan wird es immer schwieriger, sich im Wirrwarr des umfangreichen Schläger-Angebots zurechtzufinden. Die Industrie, die sich vom Tennis-Boom der letzten Jahre reich inspirieren ließ, bringt immer neue Kreationen auf den Markt: Da kann man wählen zwischen dem guten alten Holzschläger, dem fast schon überholten Metallschläger, dem kunststoffbeschichteten Schläger, dem Graphitschläger und noch vielen mehr. Auch das Format ist längst nicht mehr einheitlich: Das Angebot reicht von der ganz normalen Ovalform des Schlägerkopfes über die Rackets mit vergrößerter Schlagfläche bis hin zu runden oder auch sechseckigen Schlagflächen. Einem Anfänger sei immer noch am ehesten geraten: Ein herkömmliches Holz-Racket von mittlerer Preislage erfüllt noch allemal seinen Zweck. Der Fortgeschrittene wird die Schlägerwahl weitgehend von seiner bevorzugten Spielweise abhängig machen, wobei der Rat eines erfahrenen Tennislehrers nach Möglichkeit eingeholt werden soll.

## Ein paar wertvolle Tips

Lesen Sie diese Zeilen vor den ersten Schlägen. Ich möchte Sie schon jetzt auf den großen Unterschied zwischen Theorie und Praxis hinweisen. Warum sind gerade im Tennis die besten Vorsätze oft nichts als reine Theorie? Ganz einfach, weil der Spieler gleich fünf Punkte in Sekundenbruchteilen beachten muß: Auf den Ball schauen, Laufen, Ausholen, Fußstellung und Treffen des Balls, wobei die Augen den Ball während des gesamten Schlagprozesses im Blickfeld behalten. Trotzdem wäre alles einfacher, kämen die Bälle im gleichmäßigen Tempo an. Selbst die doch ziemlich große Schlägerfläche bedeutet für viele noch keine Gewähr für das Treffen des Balls.

Setzen Sie sich deshalb vor oder nach der ersten Tennisstunde einmal an den Rand eines Platzes, beobachten den Trainer bei der Arbeit und achten genau auf den Ablauf der Schlagbewegungen. Wenn Sie darüber hinaus diese Studien an Klubmitgliedern oder später an Klassespielern fortsetzen, werden Sie den immer gleichbleibenden Schlagrhythmus erkennen, gleichgültig, wie schnell oder langsam der Ball ankommt. Es gibt keine unterschiedliche Technik für den Anfänger oder für die Weltklasse. Wer dieses erste und doch so entscheidende Geheimnis wahrnimmt, steht schon mit beiden Beinen auf dem Wege des Fortschritts. Wer dagegen nur zur Trainer- oder Übungsstunde den Platz betritt, niemals links oder rechts schaut, der wird auf der Erfolgsleiter niemals vorankommen.

Tennis können Sie durchaus ohne Trainer erlernen. Leider schaffen es nur wenige, nach intensivem Studium der Vorbilder mit Hilfe der Trainingswand oder der Ballwurfmaschine exakt zu üben. Nicht die Güte des Trainers allein entscheidet, sondern das Befolgen seiner Anweisungen. Es ist wie beim Klavierunterricht. Auch hier zählen nur die freiwillig eingelegten Übungsstunden. Ein weiterer wertvoller Tip: Der Anfänger darf von einem besseren Spieler alles übernehmen, nur nicht die Härte seiner Schläge. Zu oft werden frühzeitig geschlagene und deshalb temporeiche Bälle mit harten Schlägen verwechselt. Darüber jedoch in einem anderen Kapitel. Nur wenn Sie die Bälle in aufsteigender Linie oder im höchsten Punkt mit etwas nach vorn geneigter Schlägerfläche treffen, läßt sich die Härte der Schläge kontrollieren.

Das wichtigste Tennisgebot auf den in der Bundesrepublik und auf dem gesamten europäischen Kontinent üblichen Rotgrant-(Asche)Plätzen lautet: Nur lange, sichere und gutplazierte Bälle bringen den Erfolg. Vorbedingung für derartige Schläge ist jedoch ein von jeder Hektik befreiter Schlagrhythmus. Erschrekken Sie nicht, wenn einwandfrei geschlagene Bälle weit ins Aus fliegen. Das ist besser als häufig ins Netz beförderte Bälle. Treffen Sie den Ball vor dem Körper. Verleihen Sie ihm eine Flugbahn, die mindestens einen halben Meter über dem Netz liegt. Sie erfahren noch frühzeitig genug, daß das Netz Ihr hartnäkkigster Gegner bleibt. Diese Weisheit entdeckte der Amerikaner *William Tilden* schon vor über 40 Jahren. Seine Erkenntnisse gehören auch heute noch zum elementaren Tennisunterricht. Wer den Flugball nur in abfallender Linie drischt, befördert ihn selbstverständlich an den gegenüberliegenden Zaun. Diese Art des Tennisspiels nennt man »unproduktives Bolzen«.

Nach einem intensiven Training wird der Wert des Wassers von vielen unterschätzt. Jede Sportart strapaziert die Muskeln auf eine andere Art und Weise. Zur Abhärtung und Vorbeugung

lohnt es sich, auch unter der Dusche die einfachsten Regeln zu beachten. Warm- und Heißduschen können eine müde Muskulatur wieder auffrischen, vor allem, wenn man wie bei einer Sauna je eine halbe Minute heiß oder kalt duscht, so lange, bis man den Unterschied zwischen den Temperaturen nicht mehr merkt. Fangen Sie aber niemals mit einer kalten Dusche an, wenn Sie im Hochsommer verschwitzt vom Training oder gar von einem Match in den Umkleideraum kommen.
Die heiße Dusche bewirkt das Eintreten des Blutstroms in die äußeren Muskelbezirke, die kalte das Zurückziehen des Blutes. Die Herztätigkeit wird angeregt. Denken Sie weiterhin an einen Ratschlag von Vater Kneipp: Mit kalter Dusche aufhören und tüchtig abfrottieren. Auch wenn Sie einmal glauben, nicht geschwitzt zu haben, gehen Sie trotzdem unter die Dusche. Die Turnierspieler müssen sich an einem Tag oft viermal umziehen und duschen! Bei einer plötzlich aufgetretenen leichten Zerrung halten Sie den Fuß unter die heiße Brause. Danach aber nicht kalt nachduschen. Das wird oft falsch gemacht. Massieren Sie die Stelle, die zwischen der Verletzung und dem Herzen liegt, nur leicht. Derartige erste Hilfen wirken oft schon Wunder.

## Tennis bis ins hohe Alter

Dieses Taschenbuch soll auch jenen Mut geben, die erst im vorgerückten Alter zum Tennissport fanden oder heute noch zögern, den Schläger in die Hand zu nehmen. Selbst Damen oder Herren mit 50 Jahren kamen noch zu ihrem ersehnten Freizeit-Einzel oder -Doppel. Tennis soll ein Spiel bleiben. Denken wir nicht an die Hochleistungssportler, die auch im vorgerückten Alter verbissen kämpfen. Natürlich müssen wir für jeden Weltklassespieler dankbar sein, denn jede Sportart braucht ihre Vorbilder. Als *Wilhelm Bungert* und *Dr. Christian Kuhnke* 1970 das Finale im Davispokal-Wettbewerb erreichten, nahm der Tennissport in der Bundesrepublik einen ungeahnten Aufschwung. Manche öffentliche Anlage, manche staatliche Unterstützung und manches Entgegenkommen der Behörden wäre ohne die damals entstandene Begeisterung unmöglich gewesen.
Vielleicht spielen Sie sogar auf einem Platz, der mit »sportlicher

Hilfe« dieser beiden Deutschen aufgebaut wurde. In den letzten Jahren schossen in der Bundesrepublik neue Vereine wie Pilze aus dem Boden. Ende der 70er Jahre wurden im Bereich des DTB über 5000 Vereine bzw. Tennis-Abteilungen mit rund 20 000 Frei- und weit über 1000 Hallenplätzen registriert, die unzähligen kommerziellen Anlagen gar nicht mitgerechnet. Hier meldeten sich jung und alt für den Tennissport, es gab genügend Anfänger aller Altersklassen, die nebeneinander Tennis erlernten. Geben Sie sich einen Ruck, wenn die Möglichkeit zur Ausübung des Tennissports besteht. Wer regelmäßig den Schläger schwingt, ein paar Gymnastikübungen nicht vergißt, kann bis ins hohe Alter auf dem Platz stehen. Natürlich können Sie nicht mit dem Elan der Jugend antreten. Es wird auch ein paar Stunden länger dauern, ehe Sie sich in den Schlägen sicher fühlen.

Niemand hetzt Sie, das einzige, was Sie brauchen, ist Zeit, um den Sport regelmäßig auszuüben. Selbst Spieler, die mit 45 Jahren anfingen, gewannen bei Klubturnieren im Seniorenalter noch einige Preise. Weiter: Tennis spielen ja nicht nur die Herren! Ein gemischtes Doppel mit anschließendem Abendessen im Klubhaus oder in einem gemütlichen Restaurant gehört nun einmal zur schönsten Freizeitgestaltung im Tennis.

Solange Sie sich aber jung fühlen, wollen Sie natürlich auch ein Einzel absolvieren. Körperlich fit bleibt man aber nur ohne Übergewicht und mit harter Bauchmuskulatur. Tun Sie also etwas gegen Ihre überschüssigen Pfunde! Noch ein weiterer, wichtiger Punkt kommt hinzu: Die Sehkraft! Viele ältere Tennisspieler sind genauso eigensinnig wie die Autofahrer, die nicht zum Sehtest wollen. Auch im Alter müssen Sie den Ball gut beobachten und genau treffen. Die beste Schlagtechnik und Fußstellung nützen nichts, wenn Sie die Entfernung zum Ball falsch einschätzen.

Hüten Sie sich weiterhin vor einem übertriebenen Ehrgeiz. Eine gewisse Begeisterung soll natürlich vorhanden sein, aber immer nur im Rahmen der vorhandenen Spielstärke. Auch wenn Sie spät mit Tennis beginnen, können Sie nicht ewig wie ein 40jähriger herumtollen. Nehmen Sie Rücksicht auf besonders hohe Temperaturen. »Ich vertrage die Hitze gut«, erhält man nur zu oft als Antwort auf einen mahnenden Zeigefinger.

Lassen Sie sich vor allem jährlich untersuchen. Ein Sportarzt wird Ihnen die richtige Tennis-Dosierung nennen. Sie können dann bedenkenlos Sport treiben. 80jährige sind auf dem Tennisplatz keine Seltenheit mehr.

## Tennisverein und Neulinge

Zu den schwierigsten Problemen in einem Tennisverein gehört die sinnvolle Eingruppierung von Neulingen. Viele stürzen sich mit großem Elan auf die bevorstehende Aufgabe, um dann deprimiert festzustellen, daß doch niemand da ist, der mit einem Anfänger spielen will. Nur wenige können mit einem Freund oder einem Familienmitglied anfangen. Durch das in keinem Lehrbuch beschriebene Anfängerstadium muß sich aber jeder, der weiterkommen will, hindurchboxen. Vorbildliche Vereine arrangieren zu Saisonbeginn stets ein gemütliches Zusammentreffen mit jenen Anfängern, die ein Jahr zuvor mit Tennis begannen. Auf diese Art und Weise ergeben sich die besten Möglichkeiten, den Partner für den Saisonstart zu finden.
Fehlt diese »Anfänger-Börse«, beginnt ein mühevoller Weg mit viel Eigeninitiative. Fahren Sie, wenn die Sonne warm scheint, die Plätze aber noch nicht fertig sind, in den Klub. Sie werden erstaunt sein, wie viele tennisbegeisterte Anfänger den gleichen Gedanken hegten. Nehmen Sie Kontakt auf und versuchen Sie, sich mit den Eigenheiten des Vereins oder der öffentlichen Anlage vertraut zu machen.
Viele begehen den gravierenden Fehler, vor der ersten Trainerstunde oder vor dem ersten Spiel die Anlage nur einmal zu betreten, um alles zu regeln. Tennis ist auch heute noch keine hundertprozentige Mannschafts-Sportart mit vom Klubvorstand bestimmten Treffpunkten und Trainingszeiten. Deshalb liegt dieses wichtige Kapitel auch vor den praktischen Übungen. Wer sich um Anschluß bemüht, wird ihn auch finden. Immerhin verzeichnet jeder Verein pro Jahr 30 bis 40 Neulinge. Auf einer öffentlichen Anlage müssen Sie am Wochenende halt einmal von Platz zu Platz wandern, sich die Spieler oder Spielerinnen ansehen und versuchen, Kontakt aufzunehmen. Ein Mauerblümchen-Dasein trifft alle hart. Die Quote derer, die Tennis nach ein paar Versuchen wieder aufgeben, ist größer, als vielfach angenommen

wird. Der Rückzug aus der Tennisgemeinschaft vollzieht sich ja nicht mit lautem Protest, sondern mit einer stillen Resignation.
Auch die Bemühungen um einen Platz werden Sie zunächst Zeit und Nerven kosten. Jeder Klub bevorzugt ein anderes System, um dem Ansturm der berufstätigen Aktiven von 17 bis 20 Uhr zu begegnen. Klubmitglieder, die nur eine halbe Stunde nach 17 Uhr erscheinen, müssen oft zwei Stunden bis zum Spielbeginn warten. Kurioserweise leert sich die Anlage kurz vor 20 Uhr. Die Fernsehzeit ruft! Verabreden Sie sich im Sommer daher erst spät. Es bleibt bis 21 Uhr hell. Stellen Sie auch am Wochenende die Fluktuation der Tennisbegeisterung fest. Bei manchen Vereinen gehört es zum guten Ton, nur Sonntagvormittag Tennis zu spielen. Bis 14 Uhr entsteht ein fürchterliches Gedränge, am Nachmittag herrscht wohltuende Leere. Darüber hinaus läßt die Spiellust ab Juli rapide nach. Kapitulieren Sie deshalb im Frühling nicht vor der Überbelegung der Plätze und der Vielzahl der Meisterschaftsbegegnungen. Nutzen Sie zunächst die zweite Jahreshälfte konsequenter aus. Es fehlen erfolgreiche Rezepte, um die Engpässe in den Vereinen zu überbrücken. Klären Sie vor allem Ihre Kinder darüber auf, damit sie den Schläger nicht vorzeitig weglegen. Leider läßt unser Klima kein ganzjähriges Tennis zu, denn nicht jeder kann in eine Halle umsiedeln.

## Blasen und Verletzungen

Wer eine Sportart anfängt, betritt Neuland. Viele Dinge, denen man keinerlei Aufmerksamkeit schenkt, entwickeln sich plötzlich zu einem Problem. Lassen wir einmal alle Taktik beiseite, werden neben dem menschlichen Gehirn Arm, Hand und Füße strapaziert. Logischerweise müssen wir uns gerade auf diese Körperteile besonders konzentrieren. Sie erfahren von heute auf morgen eine starke Banspruchung.
Wen eine plötzliche Tennisleidenschaft befällt, der braucht sich über eine Blase an der Innenfläche der Hand nicht zu wundern. Dieses Malheur passiert schneller als Sie glauben. Selbst fortgeschrittene Spieler, die einen neuen Griff oder ein anderes Griffband wählen, entdecken Blasen an den Händen oder Fingern. Die dauernde Reizung hebt die obere Hautschicht von der unte-

ren ab. Dazwischen sammelt sich Gewebeflüssigkeit an. Reinigen Sie die zu behandelnde Stelle mit Jod oder Alkohol. Nehmen Sie dann eine gut desinfizierte Schere und schneiden ein kleines Loch in die Blase. Nadelstiche genügen nicht, weil die Haut schnell wieder zuwächst. Dann bedecken Sie die Haut mit Heftpflaster. Ein paar Tage ohne Tennis müssen folgen. Ungeduld hilft nicht weiter. Die neue Haut muß vollständig nachwachsen. Bei den ersten Schlägen dürfen Sie nicht den leisesten Schmerz verspüren. Wer allerdings unter Blasen zu leiden hat, der sollte den Hautarzt aufsuchen. Die Medizin kennt einige Hilfsmittel, um die Haut straffer zu machen.

Blasen an den Füßen soll man mit der gleichen Sorgfalt behandeln. Kaufen Sie sich keine billigen Socken. Auch im Tennis ist vorbeugen besser als heilen. Deshalb kommt vor den Blasen die richtige Fußhygiene. Saubere Füße und Fußgymnastik auf nassen Wiesen gehören ins Programm. Meiden Sie in den Umkleideräumen Holzpantinen. Im Holz steckt nämlich der größte Feind der Tennisspieler: Der Fußpilz! Bringen Sie sich eigene Latschen aus Gummi mit. Schwitzen Sie leicht, verwenden Sie Fußpuder. Bemühen Sie sich immer um trockene Füße. Kaufen Sie sich keine zu engen Schuhe. Lieber zwei Paar Socken anziehen. Hüten Sie sich im Winter vor zu harten Böden (Zement). Spielen Sie auf diesem Boden zunächst nur 50 Minuten. Schäden, die durch Überbeanspruchung (auch der Muskulatur) entstanden sind, lassen sich nur schwer ausheilen.

Die Schulter- und Armverletzungen gaben schon vielen unlösbare Rätsel auf. An erster Stelle stehen natürlich die Muskelzerrungen. Wer Tennis bei kühler Witterung oder in einer kalten Halle beginnt, sollte deshalb vorsichtig anfangen. Die Muskeln brauchen zur vollständigen Funktionsfähigkeit nun einmal Wärme. Haben Sie sich aber trotz aller Vorsorge (oder vielleicht nur Nichtbeachtung) doch eine Muskelzerrung im Arm geholt, dann müssen Sie mindestens zwei Wochen pausieren. In der ersten Woche darf der Arm nicht massiert werden. Dieses Verbot wird meistens mißachtet. Beim ersten Spiel nach der Muskelzerrung ist ebenfalls Vorsicht geboten. Ein paar Armbewegungen im Umkleideraum tun gut. Diesen Satz lesen Sie in diesem Taschenbuch in einigen Variationen öfters. Er soll Ihnen auch eingehämmert werden. Selbst wenn Sie an dem betreffenden Tage kein Tennis spielen, können Sie durch ein paar kreisende Bewegungen des Arms oder durch »trockene Aufschlagübungen« die Muskeln für das nächste Spiel präparieren.

## Der Tennisarm

Er gehört zu den gefürchtetsten Verletzungen eines Tennisspielers. Innere Gelenkerkrankungen und Knochenhautentzündungen an der Außenrolle des Oberarms ziehen die hier beginnenden Streckmuskeln des Unterarms in Mitleidenschaft, verursachen oft schon beim Anfassen des Schlägers große Schmerzen und zwingen den Spieler entweder zu einer neunmonatigen Pause oder zu einem Dauerlauf zu den Ärzten. Eine einheitliche, vor allem erfolgversprechende Behandlung kennt niemand. Typische Anfangssymptome eines Tennisarms sind beim Rückhandschlag zu erkennen. Ein lokaler Druckschmerz an der Oberarmgelenkrolle läßt Sie den Schläger sehr schnell aus der Hand legen. Röntgenbestrahlungen, Spritzen und Ultraschallbestrahlungen wurden ausprobiert. Das Rätselhafte bei der Verletzung: Was dem einen half, bewirkte beim anderen genau das Gegenteil.

Wenn Sie also von Arzt zu Arzt laufen und keine Heilung finden, bleibt Ihnen nichts anderes als eine Wettkampfpause übrig. Leider verlangt jeder von der modernen Medizin eine Schnellbehandlung mit vollem Erfolg. Das ist hier nicht möglich. Natürlich können Sie sich auch einer Operation unterziehen. Durch einen kleinen Hautschnitt entsteht eine Einkerbung der Sehnen an ihren Ursprungsstellen. Somit wird der ständige Reiz an der Knochenhaut und im Sehnengewebe durch Ausschaltung des Muskelzuges beseitigt.

Da der Krankheitsherd in erster Linie durch eine falsche Technik entstand, bleibt Ihnen nichts anderes übrig, als mit einem Trainer Ihre Technik zu verbessern. Legen Sie noch größere Sorgfalt auf die richtige Wahl des Schlägergriffs. Nicht ohne Grund wird in einem anderen Kapitel darauf hingewiesen. Achten Sie auch auf eine nicht zu harte Bespannung.

## Die richtige Ernährung

Sie spielt auch für den Anfänger eine große Rolle. »Heute schwinge ich den Schläger, da muß ich nochmals kräftig essen!« Dieser Satz wurde nicht nur oft ausgesprochen, sondern auch ständig in die Tat umgesetzt. Mit vollem Magen läßt sich weder gut lernen noch vernünftig Sport treiben. Einen Tag vor dem Wettkampf oder Training soll man aufbaufähige und vitaminreiche Kost zu sich nehmen. Der Körper braucht bekanntlich acht Stunden, um alles zu verarbeiten. So genügt es, wenn Sie drei Stunden vor dem Spiel eine ausreichende, aber leicht verdauliche Kost zu sich nehmen. Sie brauchen nur einmal mit vollem Magen auf dem Platz zu stehen und sind für den Rest Ihres Lebens geheilt.

Versuchen Sie weiterhin, während des Spiels nichts zu trinken. Auch nach dem Training oder Kampf sollten Sie wenigstens 15 Minuten warten, ehe Sie etwas zu sich nehmen. Niemand greift an heißen Tagen natürlich zu einem warmen Getränk. Jeder trinkt Mineralwasser oder Bier. Schlucken Sie es wenigstens nicht zu kalt hinunter. Wer abends viel trinkt, sollte etwas für die Bauchmuskeln tun. Auch die amerikanischen und australischen Wimbledonsieger lebten keineswegs wie Asketen. Gut, die Zigarette ließen sie zum größten Teil unbeachtet, nicht aber das Bierglas. Deshalb legten sich die Aktiven zweimal am Tag im Hotel auf die Erde, schoben die Beine unter das Bett und richteten den Oberkörper 30 bis 40 Mal auf. Niemand bereitet es Spaß, mit Übergewicht auf dem Platz herumzulaufen. Alle Abmagerungskuren in Ehren – aber was nützen sie, wenn danach wieder gesündigt wird?

## Die privaten Lebensgewohnheiten

Auch diese schleppen Sie natürlich auf den Tennisplatz mit. Ein Frühaufsteher produziert selbstverständlich am Morgen stets gutes Tennis; ein »Spätentwickler« sollte sich hüten, frühmorgens den Schläger zu schwingen. Selbst routinierte Turnierspieler schimpfen wie Rohrspatzen über morgendliche Turniertätigkeit. Auch eine sorgfältige Vorbereitung hilft oft nicht weiter. Wer von den Anfängern befolgt schon die Regel, um sechs Uhr aufzustehen, wenn die Trainerstunde um neun Uhr beginnt? Jedenfalls braucht der Körper eines Langschläfers drei Stunden, um sich voll zu entwickeln, vorausgesetzt, zwischen Frühstück und Tennis liegen noch ein paar kräftige Lockerungsübungen. 80 Prozent aller ständig aktiven Tennissportler bringen ihre besten Leistungen nach 12 Uhr mittags, weil sich ihr Körper auf den meistens nachmittags stattfindenden Wettkampfsport eingestellt hat. Alle Profis, die keinem Beruf nachgehen, stehen verhältnismäßig spät auf, trainieren dann eine Stunde, nehmen anschließend ein leichtes Essen zu sich, legen sich wieder zur Ruhe und sind dann ab 12 Uhr topfit. Im gewissen Sinne überträgt sich dieser Tennis-Rhythmus auch auf den Normalverbraucher im weißen Sport, denn selbst unter Anfängern und spielschwächeren Turnierteilnehmern finden wir Aktive, die am Nachmittag weitaus bessere Leistungen bringen. Wenn sich also bei Ihnen frühmorgens die schwachen Leistungen häufen, dürfen Sie nicht in letzter Minute zum Training oder zum ernsten Match erscheinen.

Den gleichen Ärger erleben Sie, wenn Sie ein richtiger Bade- oder Sonnenfan sind. Schwimmen ist zwar ein idealer Ausgleichssport für Tennis, aber vor einem Wettkampf baden gehen oder in der Sonne braten, beeinträchtigt die Leistungskurve gewaltig. Wie viele packen morgens im Urlaubsort froh ihren Schläger ein und schütteln später über ihre Mattheit den Kopf? Das Gleiche kann auch Ihnen zustoßen. Sie fühlen sich schlapp und verstehen nicht, warum. Jetzt wissen Sie es.

## Reaktion und Laufvermögen

Diese beiden Eigenschaften gehören neben der Schlagtechnik zum wertvollsten Rüstzeug eines Tennisspielers. Obwohl Tischtennis sicherlich nicht zu den idealsten Ausgleichssportarten zählt, läßt sich die Reaktion beim Spiel mit dem kleinen Zelluloidball hervorragend testen und trainieren. Wer aber die Reaktion fortentwickeln will, muß natürlich ausgeruht und entspannt zum Training kommen. Es ist sinnlos, nach anstrengender Tagesarbeit

und einer Hetzjagd vom Büro zum Tennisplatz noch etwas in dieser Richtung zu tun.
Intensives Flugballtraining erhöht selbstverständlich den Grad der Reaktionsschnelligkeit. Das Wahrnehmen einer Reaktion und die Übertragung auf den entsprechenden Muskel muß blitzartig geschehen. Deshalb steht das Laufvermögen in unmittelbarem Zusammenhang mit dieser Eigenschaft. Der schnelle Start zum Ball entscheidet über einen guten oder schlechten Schlag.
Darum ist ein Intervalltraining auch für den Anfänger nicht von der Hand zu weisen. Im Tennis spielt zwar die Kondition eine entscheidende Rolle, aber auch auf die Übungen »Starten – Laufen – Abstoppen« müssen wir unbedingt achten. Darüber hinaus können Sie nur mit kleinen Schritten zu einer einwandfreien Fußstellung kommen.
Das Lauftraining wird überall unterschätzt. Der erfolgreiche Schlag setzt sich aus vielen Mosaiksteinchen zusammen. Wenn Sie in Zeitungsberichten lesen, daß der oder jener Spieler plötzlich die Reaktionsschnelligkeit oder auch Konzentration verlor, so ist diese Schwäche stets im Nachlassen der Kondition zu suchen. Deshalb darf weder der Dauerlauf (für die Kondition) noch das Intervalltraining (für die Reaktion) vernachlässigt werden.

## Trainer und Lehrbücher

Natürlich steht die Praxis an erster Stelle, aber nur, wenn man weiß, wie es richtig gemacht wird, stellt sich auch der Fortschritt ein. Die Zeiten haben sich geändert. Früher wurde viel mehr gelesen oder beim Training abgeschaut. Heute kann alles nicht schnell genug gehen. Erstaunlicherweise verzichten ehrgeizige junge Menschen im Beruf niemals auf eine Fortbildung durch Bücher. Alles Interessante, was mit dem gewählten Beruf im Zusammenhang steht, wird verschlungen. Nur im Sport soll es anders sein?
Wer allergisch gegen das Studium von Tennislehrbüchern ist, soll sich mit dem Tennislehrer an die Bar setzen und bei einem Glas Bier zwanglos über den weißen Sport plaudern. Sie werden über die Neuigkeiten und Tips, die Sie erfahren, höchst erstaunt sein.

Leider gibt es in der Bundesrepublik nur wenige ins Deutsche übersetzte Tennisbücher bekannter ausländischer Spieler. Keiner, der bei uns in Deutschland nach 1945 herausragende Leistungen zeigte, machte sich die Mühe, die erworbenen Erfahrungen weiterzugeben.

Tennis war, ist und bleibt ein Individualsport. In keiner anderen Sportart steht ein Spieler oder eine Spielerin so allein, oft auch so verlassen auf dem Platz wie beim Tennis. Gerade deshalb sind nachzulesende Erfahrungen in bestimmten Situationen so wertvoll. Selbst in der untersten Klasse bleibt Tennis ein taktisches Spiel mit vielen Varianten. Lassen Sie sich viel erzählen oder fragen Sie, wenn Sie Gelegenheit haben, Kenner der Materie nach vielen nützlichen Dingen. Ihr Trainer weiß mehr Details, als Sie annehmen.

# Die Schlagarten im Tennis

Wer Tennis aufrecht und mit geradem Rücken spielen will, der wird es zu nichts bringen, höchstens zum schönsten Mann der Stadt.

Profiweltmeister *Ken Rosewall* (Australien)

## Die Grundschläge

**Der Vorhandball**

Der langersehnte Tag ist da. Sie stehen auf dem Tennisplatz und je nach Charakter mit Selbstvertrauen, leichter Nervosität oder Skepsis. Der Trainer wird Ihnen sagen, wie Sie den Schläger halten, wann und wie Sie ausholen sollen. Haben Sie sich für die »Do-it-yourself-Methode« entschieden, so wählen Sie für den Vorhandschlag den »Shake-Hand-Griff«. Fassen Sie den Schlägerstiel so an, als wollten Sie Ihrem Freund die Hand geben. Stellen Sie sich seitlich zur Grundlinie, den linken Fuß etwas nach vor, und beginnen mit ein paar »Trockenübungen«. Schwingen Sie den Schläger zurück, mit festem Handgelenk und den Schlägerkopf nach oben. Nehmen Sie einen Ball in die linke Hand und lassen ihn bei gestrecktem Arm in Höhe der Fußspitze auf die Erde fallen. Im gleichen Augenblick holen Sie ruhig aus und versuchen den Ball zu schlagen. Wenn Sie fünf Bälle hintereinander trafen, bitten Sie ihren Partner, Bälle aus zwei Meter Entfernung zuzuwerfen. Richten Sie die Augen immer auf den Ball, auch dann, wenn er den Schläger berührt. Beginnen Sie mit der Ausholbewegung, wenn der Ball die Hand verläßt. Denken Sie immer an den Schlägerkopf – nicht durchhängen. Ermuntern Sie den Partner zum steten Korrigieren. Stellen Sie sich zu Hause vor den Spiegel, um den Schlagansatz zu üben. Niemand sieht Sie. Je konsequenter Sie zunächst trainieren, desto erfolgreicher werden Sie eines Tages Tennis spielen. Jeder Trainer kann es Ihnen bestätigen.

Versuchen Sie, den Ball so früh wie möglich zu treffen, am besten in Höhe des linken Fußes. Je besser Sie dieses Spielchen beherrschen, um so weiter geht Ihr Partner zurück, bis er Ihnen dann in Netzhöhe den Ball mit dem Schläger zuspielt.

Sprechen Sie in Gedanken ruhig »eins« (nach hinten ausholen) und »zwei« (Schläger zurückführen), damit Sie den Ausholrhythmus lernen. Immer wieder auf das Handgelenk (fest) und den Schlägerkopf (nach oben) achten. Der Partner wird Schritt um Schritt zur Grundlinie zurückgehen, bis Sie plötzlich das ganze Spielfeld beherrschen. Sparen Sie nicht mit Bällen. Sechs Stück sollten wenigstens vorhanden sein, damit möglichst oft hintereinander zugeschlagen werden kann, um hinter das Geheimnis der Ausholbewegung zu kommen. Mit drei Bällen entstehen zu große Pausen. Da der Tennislehrer im Gegensatz zu früher jetzt mit einem Korb voll Bällen anfängt, der Schüler oft 50 Bälle pausenlos schlagen kann, sollte jeder, der mit Tennis beginnt, nicht auf den vielleicht mageren Geldbeutel schauen, sondern wenigstens zehn Trainerstunden nehmen. Auch in den untersten Spielklassen soll Tennis Spaß bereiten. Jeder muß sich selbst beurteilen. Viele Balltalente erlernen alles vom Zuschauen. Andere wiederum stecken die Köpfe in Lehrbücher. Die meisten aber müssen durch eine ausgezeichnete und vor allem kontinuierliche Anleitung in den Spielrhythmus gebracht werden. Wer aber dennoch ohne Trainer beginnt, sollte viel Geduld und Verständnis aufbringen. Er muß sich gut in der Gewalt haben, um die erkannten Fehler sofort auszumerzen. Erkundigen Sie sich bei erfahrenen Spielern, sie werden Ihnen keine andere Auskunft geben. Überall entscheidet der richtige Start über die spätere Qualität.

Wer den Schlag aus dem Stand beherrscht, darf sich noch nicht zu stolz fühlen. Der erste Versuch, den Ball aus dem Laufen heraus zu treffen, kann nämlich vollkommen mißlingen. Der Grund: Den meisten fehlt die Harmonie zwischen Start und Laufen zum Ball einerseits und dem frühzeitigen Ausholen des Schlägers andererseits. Die Schrittweiten sind zu groß, das Handgelenk ist

*Chris Lloyd-Evert (USA)*
*bei einem tief zu nehmenden Vorhandball. Nachahmenswert ist vor allem die Kniebeuge, die für eine optimale Ausführung dieses Schlages unerläßlich ist.*

zu locker und der Ball wird mehr gedroschen als geschlagen. Der alte Lehrsatz »Laufen, Stehen, Schlagen« braucht nicht immer Beachtung zu finden. Es kommt einzig und allein auf die Gewichtsverlagerung von einem auf den anderen Fuß, auf den richtigen Armschwung, die Körperhaltung (seitlich) und auf das Treffen des Balls vor dem Körper an. Wer diese vier Komponenten beherrscht, kann ruhig im Laufen oder auf dem falschen Fuß stehend schlagen, obwohl die Durchführung dieser These früher als Todsünde galt. Starten Sie zum Vorhandschlag auf dem linken, zum Rückhandschlag auf dem rechten Fuß. Laufen Sie nicht in den Ball hinein. Der Arm darf nicht abgewinkelt sein, sondern muß frei schwingen können. Auch die Frage nach der Länge der Ausholbewegung (kurz oder schleifenartig) ist nur individuell zu beantworten. Wer hauptsächlich auf der Grundlinie spielen will, kann auch beim sogenannten »modernen Tennis« die Schleife beim Ausholen anwenden. Wer allerdings schnell zum Netz vorlaufen möchte, erhält durch eine kurze Ausholbewegung einen unschätzbaren Vorteil. Auch hier hilft der Rat des Trainers weiter, denn er kennt Ihre Vor- und Nachteile genau.

Die Richtung des Balls bestimmen zwei Komponenten: Beim Vorhandschlag die seitliche Stellung – linke Schulter und linker Fuß vorn, beim Rückhandschlag rechte Schulter und rechter Fuß vorn – sowie der Durchzug des Arms, der von den Anfängern in geradezu sträflicher Weise vernachlässigt wird. Die Zeitnot spielt die größte Rolle bei mißlungenen Schlägen. Zuerst kommt der zu späte Start zum Ball, anschließend die ruckartige Ausholbewegung und schließlich der peitschende Schlag, wobei der Schlägerkopf noch nach unten durchhängt. Alle Spieler, die einen Treibschlag (Drive) mit Vorwärtsdrall (Topspin) schlagen können, besitzen natürlich einen wichtigen Vorteil. Der Ball steigt durch die Rotation etwas an, die Fehlerquellen am Netz vermindern sich, und in der gegnerischen Hälfte senkt sich der Ball schneller als bei einem geraden Schlag. Das Geheimnis dieses Schlages ist: 1. eine andere Schlägerhaltung (sogenannter Hammergriff – der Schläger wird so angefaßt, als wolle man mit dem Rahmen einen Nagel in die Wand schlagen) und 2. die nun notwendige Schleife bei der Ausholbewegung, da der Ball von unten her mit vorgebeugter Schlägerfläche getroffen werden muß.

*Rolf Gehring*
*demonstriert, daß man auch in einer äußerst bedrängten Lage noch die wesentlichsten Tugenden des Tennisspiels beherzigen kann. Trotz des akrobatisch anmutenden Sprungs nach einem tief zu nehmenden Volley sind die Augen fest auf den heranfliegenden Ball gerichtet.*

In dieser Anleitung geht es in erster Linie darum, Tennis für den Hausgebrauch zu beschreiben. Deshalb soll die Vielfältigkeit der Schlagarten nur erwähnt, aber niemals zum Gebot erhoben werden. Für den Bereich der unteren Klassen gilt die alte Weisheit, daß jeder versuchen sollte, die ererbten Anlagen zur höchsten Vollkommenheit auszubilden. Wer mehrere Variationen nur unvollkommen beherrscht, wird zwar viel Spaß beim Tennis, aber nur wenige Siege zu verzeichnen haben. Jeder kann natürlich versuchen, den Ball mit Vorwärtsdrall zu erlernen, sollte aber aufhören, wenn er dadurch den glatten Schlag »verwässert«.

**Der Rückhandschlag**

Der Rückhandschlag ist keineswegs schwerer zu erlernen als der Vorhandschlag. Leider beginnen die Anfänger untereinander und auch viele Trainer zunächst mit intensiven Vorhandübungen. Instinktiv schätzt der Schüler den Vorhandball als die leichtere Schlagart ein. Die einseitige Trainerstunde sollte endgültig der Vergangenheit angehören. Nur wechselseitige Schläge können den Lauf- und Schlagrhythmus richtig bestimmen. Der verspätete Start zum Ball lähmt auch hier die Initiative zur harmonischen Schlagbewegung. Mit dem rechten Fuß erfolgt der Start. Beim Treffen des Balls liegt die rechte Schulter vorn. Das Körpergewicht wechselt vom linken auf den rechten Fuß. Der Arm darf nicht so weit wie beim Vorhandschlag nach vorn gestreckt werden. Ober- und Unterarm sollen einen Winkel von fast 90° bilden, das Armgelenk am Körper anliegen. Die Ausholbewegung ist kürzer als beim Vorhandschlag. Der Ball muß auf alle Fälle vor dem Körper getroffen werden. Achten Sie auch hier auf ein steifes Handgelenk. Der angewinkelte Arm bereitet den Anfängern die größten Schwierigkeiten. Sie laufen bereits mit ausgestrecktem Arm zum Ball, holen dann noch verhältnismäßig weit aus und treffen ihn stets hinter dem Körper – meist auch noch mit hängendem Schlägerkopf. Das Resultat ist klar: Der Ball fliegt hoch, weit und quer aus dem Platz! Diese Fehlerquellen müssen schon in der ersten Spielstunde ausgemerzt werden. Lassen Sie sich die Bälle so lange zuwerfen, bis Sie den Ball gerade über das Netz schlagen können. Erst dann darf der Partner den Ball mit dem Schläger über das Netz schlagen. Der Grund: Die ersten Rückhandbälle sollten immer in Netzhöhe getroffen werden. Deshalb muß Ihnen der Ball flach zugeworfen werden. Immer wieder verderben zu hoch abspringende Bälle dem Übenden die Freude an einem gekonnten Rückhandball. Er zweifelt an seinem Können und glaubt an das Märchen, daß nur Talente den Rückhandball einwandfrei beherrschen. Laufen Sie zu spät zu den Rückhandbällen, dann schlagen Sie nur jene, die Sie in Netzhöhe erreichen. Bei den oft erlebten unglücklichen Versuchen, tiefe oder hohe Rückhandbälle zu treffen, geht der Rhythmus und vor allem das eben zitierte Selbstvertrauen schnell verloren. Sie werden bald herausfinden, wie man zu einem Rückhandball starten muß. Die meisten laufen nur parallel zur Grundlinie. Das ist falsch. Die Bälle kommen auf der Grundlinie in verschiedenen Höhen an. Deshalb muß man bei acht von zehn Bällen schräg nach vorn oder schräg nach hinten laufen, um den Ball stets in gleicher Höhe zu treffen. Natürlich werden viele Anfänger von vornherein den geschnittenen Rückhandball (Slice) besser beherrschen als den klar geschlagenen Ball. Hierbei kann der Arm beliebig angestreckt und der Ball auch höher genommen werden, da er ja von oben nach unten heruntergezogen wird. Der Ball, der lange am Schläger »kleben« soll, erhält einen Rückwärtsdrall, bei falscher Ausführung aber eine steigende Tendenz. Nach dem Aufsprung ist seine Flugbahn tiefer als die beim glatten Schlag. Der Gegner muß sich umstellen und steht vor größeren Schwierigkeiten. Beim Rückhand- und beim zweiten Aufschlag werden die gleichen Fehler gemacht: Der Anfänger schlägt zu zaghaft zu. Diese fast nicht auszurottende Krankheit muß aber beseitigt werden. Auf den Ball dreschen oder ihn glatt, mit richtigem Schwung zu schlagen ist ein himmelweiter Unterschied. Entscheidend ist die Flugbahn des Balls. Ist sie nicht zu steil, dürfen die ersten fünfzig Rückhandbälle ruhig drei Meter hinter der gegnerischen Linie aufspringen. Die vernünftige Länge läßt sich bei einem richtigen Schlagansatz leicht regulieren.

Erstaunlicherweise haben die Linkshänder die größten Schwierigkeiten mit dem Rückhandball. Das gilt nicht nur für Anfänger oder Fortgeschrittene – selbst Wimbledonsieger wie *Jaroslav Drobny* oder *Neale Fraser* zeigten auf der Rückhandseite erhebliche Schwächen. Der erste, der diesen Schlag zur absoluten Perfektion ausbaute, war *Rod Laver*. Der viermalige australische Wimbledonsieger befand sich aber in der glücklichen Lage,

*Guillermo Vilas (Argentinien)*
*bereitet sich hier beispielhaft auf einen Rückhandball vor. Der Schläger ist weit zurückgenommen, die Augen fixieren die weiße Filzkugel und – eine wichtige Voraussetzung für einen kontrollierten Schlag – er selbst ist rechtzeitig zum Stand gekommen, so daß das Körpergewicht ideal verlagert werden konnte.*

*Bei Ilie Nastase (Rumänien)*
*paaren sich Bewegungstalent und Ballgefühl in geradezu idealer Weise. Locker und dennoch bis in die Haarspitzen konzentriert, nimmt er hier einen Rückhand-Volley. Der bereits in der Vorwärtsbewegung befindliche Schläger wird den Ball vor dem Körper treffen.*

in *Charlie Hollis* einen Trainer zu haben, der von vornherein mit dem Ammenmärchen aufräumte, daß Linkshänder nicht zu weltklassereifen Rückhandschlägen prädestiniert seien. Um ein starkes Handgelenk zu erhalten, knetete *Rod Laver* stundenlang einen Gummiball in der Hosentasche. Das australische Energiebündel ging seinem Ziel stur entgegen und zeigte auf dem Höhepunkt seiner Laufbahn den staunenden Zuschauern, wie brillant der angeblich schwächste Schlag aller Linkshänder funktionierte. Wenn Sie sich als Linkshänder bei den ersten Rückhandversuchen also etwas »linkisch« vorkommen, nicht verzagen. Beachten Sie nur die Regeln doppelt so scharf wie ein Rechtshänder.

Fassen wir zusammen: Sowohl der Vorhand- als auch der Rückhandball kann auf drei Arten geschlagen werden:

1. Gerade, durch Auftreffen des Balls auf die senkrecht gehaltene Schlägeroberfläche.
2. Überzogen (Vorwärtsdrall) durch Abrollen der Saiten über den Ball.
3. Unterschnitten, durch Abrollen der Saiten unter dem Ball.

Die größte Sicherheit erhält der Ball durch einen überzogenen Schlag. Er wird von fast allen Weltklassespielern beherrscht. Der gerade Schlag erhöht das Tempo und das Risiko. Der unterschnittene Ball wird oft als Aufschlag-Return benutzt, wenn die Zeit zum frühzeitigen Ausholen fehlt. Man sieht ihn jedoch überwiegend auf der Rückhandseite. Es gibt nur wenige Spieler, die den Slice auch als Vorhandball beherrschen. Der Überraschungseffekt ist hier größer als die Nützlichkeit.

Eine lockere Fußarbeit erhöht die Zahl der guten Grundlinienbälle. Jeder Ball wird mit der Körperstellung frontal zum Netz erwartet. Wer wie ein Zementsockel am Boden steht, sieht sich schnell Startschwierigkeiten gegenüber. Seilspringen bringt oftmals erstaunliche Fortschritte. Halten Sie den Schläger in Erwartung des Balls mit beiden Händen vor dem Körper fest. Lassen Sie den Ball nie aus den Augen. Viele schauen mehr auf die Bewegungen des Gegners als auf den Ball. Über schlecht getroffene Bälle braucht sich anschließend niemand zu wundern.

Ein Problem, das nur individuell beantwortet werden kann, ist der Griffwechsel bei Vor- und Rückhand. Wenn er Schwierig-

*Wojtek Fibak (Polen)*
*spielt hier aus dem Lauf eine Rückhand. Vorbildlich ist vor allem, wie er nach dem Treffen des Balles den Schläger weit nach oben durchschwingen läßt.*

keiten bereitet, sollte man mit demselben Griff spielen. Nur der Daumen wechselt die Position. Das geschieht bei jedem Spieler automatisch.

**Beidhändige Schläge**

Fangen Kinder zu früh mit Tennis an, neigen sie dazu, den Schläger mit beiden Händen anzufassen. Vornehmlich beim Rückhandball unterstützt die linke Hand den rechten Schlagarm (beim Linkshänder natürlich umgekehrt). In anderen Kontinenten ist der beidhändige Schlag allerdings keine Folgeerscheinung zu schwacher Armgelenke. Man dachte an Golf oder Baseball und übernahm den Schlagrhythmus auch für Tennis. Der beidhändig schlagende Spieler geht frühzeitig in den Ball hinein, erreicht damit ein optimales Tempo und dank der korrekten Schlagführung auch eine oft traumhafte Sicherheit.
Alle guten Spieler mit einem beidhändigen Rückhand zählen zu den gefürchtetsten Gegnern im Aufschlag-Return oder beim Passierball. Beim Grundlinienduell verbrauchen sie allerdings doppelt so viel Kraft. Haben Sie mit dem einhändigen Rückhand Schwierigkeiten, probieren Sie einmal den beidhändigen Schlag aus. Sie werden dann praktisch gezwungen, frühzeitig und nicht zu weit auszuholen, weil Sie den Ball vor dem Körper treffen müssen. Fuß- und Körperstellung ergeben sich aus dem herkömmlichen Schlagablauf. Der beidhändige Rückhand läßt sich kaum ängstlich oder vorsichtig schlagen. Nur mit vollem Schwung erreicht er die gewünschte Wirkungskraft. Den beidhändigen Rückhand-Flugball gibt es allerdings nur selten. Wer ihn bevorzugt, erreicht kaum produktive Schläge. Selbst die Reichweite wird verkürzt.
Im Spitzentennis ist die beidhändige Rückhand in den letzten Jahren immer mehr in Mode gekommen. So gab es mit *Jimmy Connors* (1974) und *Björn Borg* (1976 bis 1979) zuletzt sogar zwei Wimbledonsieger, die diesen Schlag zur Perfektion gebracht haben. Weitere Weltklassespieler mit beidhändigem Rückhand-Schlag sind die beiden Amerikaner *Eddie Dibbs* und *Harold Solomon* bei den Männern sowie *Chris Lloyd-Evert* bei den Frauen. Auffallend ist in diesem Zusammenhang, daß Klassespieler mit beidhändiger Rückhand fast ausschließlich aus den USA und aus Südafrika *(Cliff Drysdale, Frew McMillan)* kom-

*Chris Lloyd-Evert (USA)*
*bei einem Rückhandschlag. Deutlich ist zu sehen, daß sie wegen der beidhändigen Schlagtechnik näher am Ball stehen muß, als dies bei der herkömmlichen Schlagtechnik mit einer Hand erforderlich ist. Daraus läßt sich folgern, daß beidhändige Schläge die Reichweite deutlich herabsetzen.*

men. Gegenbeispiele – etwa aus Europa – wie *Björn Borg* und *Hans-Jürgen Pohmann*, der bisher einzige deutsche Spieler von Format, der diesen Schlag pflegte, bilden da die große Ausnahme. Auffallend ist im übrigen auch, daß es keine einheitliche Technik gibt. Anders als bei allen übrigen Schlagvarianten ist bei der beidhändigen Rückhand das individuelle Bewegungs- und Ballgefühl völlig unterschiedlich ausgeprägt. Eine Norm oder gar ein schulmäßiger Ablauf bzw. Rhythmus ist da offenbar nicht festzulegen. Spieler wie *Pancho Segura*, die auch die Vorhand beidhändig schlugen, blieben zu allen Zeiten rar.

**Der Lob**

Viele Anfänger und auch Fortgeschrittene halten den hohen Ball (Lob) unter ihrer Würde. Sie versuchen auch in aussichtslosester Situation, einen harten Passierball zu schlagen, der meistens mißlingt. Dabei besitzen sie mit dem Lob eine elegante wie gefährliche Antwort. Wir kennen den offensiven und defensiven Lob. Der defensive Lob, auf der Rückhandseite meistens unterschnitten geschlagen, muß hoch angesetzt sein und möglichst einen Meter vor der gegnerischen Grundlinie aufspringen. Durch diesen Ball gewinnt der in ungünstiger Lage stehende Spieler viel Zeit.

Wer allerdings den Angreifer vollkommen ausschalten will, riskiert den offensiven Lob. Seine Flugbahn geht höchstens einen halben Meter über den springenden Gegner hinweg. Ein mit Vorwärtsdrall geschlagener Vorhand-Offensivlob springt schnell weg und stellt den nachrennenden Spieler vor eine unlösbare Aufgabe. Selbst ein mit glatter Schlägerfläche geschlagener offensiver Lob besitzt Tempo und schaltet den überraschten Netzspieler aus. Vielen, auch Weltklasseleuten, fehlt das Gefühl für einen guten Lob. Die Schläge mißlingen permanent, die Bälle sind entweder zu kurz oder zu lang. Das Erfolgsrezept ist gleich Null und der Verzicht auf diesen Ball nur zu verständlich.

Anders verhält es sich bei einem Wettkampf in den unteren Klassen. Keiner beherrscht den Smash (Schmetterball) totsicher, und ein schlechter Ball kann leicht vom Gegner zu einem offensiven Schlag ausgenutzt werden. Lobs können einen Angreifer total ermüden. Ein konditionell zunächst starker Spieler nimmt

*Manuel Orantes (Spanien)*
*hat hier soeben einen überrissenen Lob gespielt. Der Schläger wurde in schnellem Rhythmus von unten nach oben geführt, wobei dem Ball ein extremer Vorwärtsdrall mitgegeben wurde.*

die Lobs direkt aus der Luft. Dann, nach den ersten Ermüdungserscheinungen, läßt er die Bälle aufspringen und schmettert stets aus ungünstiger Position. Zurücklaufen, stoppen, drehen, schmettern – das kostet viel Kraft. Selbst Wimbledonsieger kapitulierten, wenn sie auf einen Gegner trafen, der den Lob traumhaft sicher beherrschte. Auf Rasen oder Zement ist der Lob schwieriger anzubringen. Der Ball springt flach und vor allem schnell ab. Der Spieler hat oft keine Zeit, mit dem Schläger unter den Ball zu gehen. Der effektvolle Lob bleibt aus. Asche dagegen bringt günstige Voraussetzungen für diesen oft vernachlässigten Schlag. Natürlich muß man sich von vornherein über die Art des Lobs klar sein. In bedrängter Situation, vielleicht zwei Meter außerhalb des Platzes, kommt nur ein defensiver Lob in Frage. Visieren Sie aber eine Höhe von vier Metern an. Zeit gewinnen – lautet hier das erste Gebot.
Sobald Sie aber nicht unter Druck stehen, denken Sie sofort an einen offensiven Lob, vor allem dann, wenn Sie mit Ihren Passierbällen an einem beweglichen Netzspieler nicht vorbeikommen. Wechseln Sie dann Lob mit Passierball ab. Das irritiert den Gegner. Wenden Sie vor allem den Lob an, wenn Ihr Gegner gegen die Sonne angreift. Bleibt er defensiv, holen Sie ihn mit einem kurzen Ball ans Netz. Auch im Doppel scheucht ein guter Lob ein ausgezeichnetes Volleypaar vom Netz. Trainieren Sie also diesen Ball. Wählen Sie eine verdeckte Schlagtechnik, damit Sie dem Gegner Ihr Vorhaben nicht vorzeitig signalisieren. Versuchen Sie einmal, wie zum Drive (Treibschlag) auszuholen und erst in letzter Sekunde das Handgelenk etwas zurückzudrehen. Dadurch entsteht die offene Schlägerhaltung. Sie werden über den Überraschungs-Effekt selbst erstaunen.

## Das Flugballspiel

### Vorhand

Das Tennisspiel gestaltete sich durch die Flugball-Akrobaten sicherlich interessanter, schneller und auch dynamischer. Obwohl bei einem Duell zweier Flugballspezialisten immer wieder die gleichen Schläge präsentiert werden, überfällt den Zuschauer niemals Langeweile. In den fünfziger Jahren demonstrierte der Amerikaner *Budge Patty* eine derart geniale Flugball-Kunst, daß die Bewunderung vor so viel Können die Eintönigkeit seiner Aktionen überstrahlte. *Budge Patty* konnte den Vorhand-Flugball ebenso hundertmal anwenden wie der Exil-Tscheche *Jaroslav Drobny* seine berühmten Stopvolleys, ohne die Zuschauer zu langweilen.

Die einigermaßen gute Beherrschung des Volleys ist durchaus kein Buch mit sieben Siegeln. Rufen wir uns zunächst Rod Lavers Satz ins Gedächtnis: Zunächst Selbstvertrauen, dann Technik. Entscheidend bleibt das richtige Training. Wer breitbeinig und frontal zum Netz stehend einen Vorhandflugball riskiert, produziert nur Fehlschläge. Fußarbeit und Körperstellung spielen eine dominierende Rolle. Ein Trainer, der immer wieder »linke Schulter und linken Fuß nach vorn« schreit, tut dies nicht, um seine Daseinsberechtigung zu beweisen, sondern versucht, diese elementaren Regeln dem Schüler einzuimpfen.

Beginnen wir gleich mit dem Kardinalfehler: Alle Anfänger holen beim Flugball instinktiv wie beim Grundlinienschlag viel zu weit aus, oft noch mit der eingängs besprochenen Schleifenbewegung. Die Position am Netz verkürzt die Flugbahn des gegnerischen Balls fast um die Hälfte! Neben einem guten Auge und dem blitzschnellen Erfassen der Situation kommt nun eine neue Technik hinzu. Fassen Sie den Schläger noch fester als beim Grundlinienschlag an. Holen Sie überhaupt nicht aus, sondern stoßen den Schläger nach vorn. Für das nötige Tempo sorgt schon der Gegner, denn je härter und schneller er spielt, desto härter und schneller kommen die Bälle auch zurück.

**Rückhand**

Wie auf der Grundlinie soll beim Vorhand-Volley die linke Schulter, beim Rückhand-Volley die rechte Schulter vorn und der Schlägerkopf höher als das Handgelenk sein. Die richtige Fußstellung werden Sie nicht immer schaffen, denn oft verlangt der gegnerische Return eine ungewöhnliche Reaktion. Verlagern Sie wenigstens das Körpergewicht auf den dem Ball am nächsten liegenden Fuß. Üben Sie den Flugball nicht zu oft aus dem Stand. Beweglichkeit am Netz nützt ihrer Fußarbeit. Spielen Sie den ersten Flugball von der Aufschlaglinie, laufen Sie dann eineinhalb Meter vor und schlagen den zweiten Volley von dieser

*Peter Elter*
*bei einem tiefen Rückhand-Volley. Alles stimmt: Rechte Schulter und rechtes Bein vorn, Kniebeuge, Augen auf den Ball gerichtet und ausbalanciertes Körpergewicht.*

*Wojtek Fibak (Polen)*
*in Erwartung eines Rückhandballes, den er unterschnitten zurückschlägt. Die Schlägerhaltung weist bereits darauf hin, daß er dem Ball einen starken Rückwärtsdrall mitgeben wird.*

Situation aus. Wer sein Volley-Training nur auf der T-Linie aufbaut, läuft auch im Spiel nur bis zur Aufschlaglinie. Ihr Gegner kann Sie dann in dieser oft unglücklichen Position leicht ausplazieren. Der Flugball muß immer wieder auf dem Übungsplan stehen. Trainieren Sie zweimal in der Woche, schlagen Sie wenigstens zweimal 15 Minuten Flugbälle. Denken Sie an die vielen hohen Returns, die Sie bei Wettkämpfen in schwächeren Klassen sehen. Diese Bälle fordern den Volley geradezu heraus! Trotzdem verbleiben die meisten Spieler auf der Grundlinie, weil sie entweder dem Flugball keine Aufmerksamkeit schenken oder kein Zutrauen zu diesem Schlag besitzen.

Nicht immer spielt Ihr Gegner einen ansteigenden Return. Manche Bälle fallen hinter dem Netz sofort herunter. Dann müssen Sie den sogenannten tiefen Volley anwenden. Von einer Kniebeuge wollen die Anfänger natürlich nichts wissen. Sie senken einfach den Schlägerkopf und heben den Ball wie mit einem Schöpflöffel über das Netz, oft aber ins Netz. Zur Erinnerung: Anfänger und Weltklasse spielen mit der gleichen Technik. Also runter in die Knie, wenn Sie am Netz stehen und der Passierball Ihres Gegners unter die Netzhöhe fällt. Öffnen Sie die Schlägerfläche und geben dem Ball einen leichten Stoß. Bedenken Sie, daß dieser Ball ansteigt. Eine zu heftig stoßende Bewegung hebt diesen Ball leicht über die gegnerische Grundlinie ins Aus. Bringen Sie den Schläger nach vorn, nur dadurch erhält der Ball die von Ihnen gewünschte Führung.

Viele tiefe Flugbälle lassen sich vermeiden, wenn Sie nah genug ans Netz vorrücken. Der gegnerische Passierball befindet sich dann noch in aufsteigender Linie. Diese Bälle lassen sich dann mit der beschriebenen Volley-Technik leicht in die Ecken der gegnerischen Platzhälfte drücken. Ein Flugballspieler unter Anfängern schafft sich schnell Respekt. Beim Rückhand-Volley spielen Sie den Ball automatisch vor dem Körper. Anders auf der Vorhandseite. Da hängt der Schläger meistens zurück. Deshalb immer wieder vorsagen: Schläger nach vorn bringen. Der gewonnene halbe Meter kann oft entscheidend sein.

*Jimmy Connors (USA)*
*in typisch aggressiver Pose. Wie man sieht, muß auch der beidhändig geschlagene Rückhand-Volley vor dem Körper genommen werden.*

**Der Halbflugball**

Zu den schwierigsten Schlägen im Tennis gehört der Halbflugball. Die Technik spielt dabei oft eine untergeordnete Rolle. Entscheidend sind Ballgefühl, Position und ein gutes Auge. Zum Halbflugball werden Sie gezwungen, wenn Ihr Gegner einen Return schlägt, der sich unmittelbar hinter dem Netz senkt, und Sie noch nicht die ideale Stellung für einen tiefen Flugball eingenommen haben. Der Schlägerkopf liegt kurz nach dem anvisierten Aufsprung des Balls gerade oder etwas nach vorn geneigt auf dem Erdboden. Je nachdem, was Sie nun vorhaben, verbleibt der Schläger in ruhiger Lage (für einen kurzen Ball hinter das Netz) oder Sie drücken (schieben) ihn nach vorn (für einen langen Ball vor die Grundlinie). Ein steifes Handgelenk und die notwendige Kniebeuge erhöhen die Sicherheit dieses Schlags.

Vor diesem perfekt ausgeführten Schlag kapitulierte einmal in Wimbledon ein so großer Könner wie der zweimalige Profiweltmeister *Ken Rosewall* (Australien) im Kampf gegen den Dänen *Kurt Nielsen*. Der Australier wußte nie, ob *Nielsens* langgezogene Halbflugbälle ins Aus oder kurz vor die Grundlinie gingen. Die hastigen Returns drückte dann *Nielsen* mühelos weg. Gerade für technisch begabte Spieler, die einen tiefen Volley ohne korrekte Fußstellung schlagen, bedeutet der Halbflugball eine ideale Lösung. Sie schaffen es allein mit Ballgefühl. Tiefe Volleys springen zu oft an die Oberkante des Netzes oder durch zu offene Schlägerhaltung ins Aus. Der Halbflugball verkleinert den Absprungwinkel des Balls. Bringen Sie auch hier den Schläger vor den Körper. Nehmen Sie, wenn möglich, die für Vorhand oder Rückhand vorgesehene Fußstellung ein.

## Der Aufschlag

Beim Aufschlag erleben die Zuschauer oft die seltsamsten Verrenkungen und Verdrehungen der Akteure. Diese Anfänger lehnen es einfach ab, sich mit der Aufschlagmaterie näher zu befassen. Selbstverständlich würden auch Fortgeschrittene ohne Aufschlag oft bessere Leistungen erzielen. Der Aufschlag verdirbt ihnen alles. Diese Feststellung gilt auch für die höch-

*Jimmy Connors (USA)*
*bei einem Vorhand-Halfvolley (Halbflugball). Die nach rückwärts gerichtete Bewegung deutet an, daß ein solcher Schlag vorwiegend in der Defensive ausgeführt wird. Als Angriffsball eignet sich der Halfvolley auch kaum, da er nicht sonderlich druckvoll gespielt werden kann.*

sten Bereiche in der Weltklasse. Bei uns in der Bundesrepublik war der begnadete *Wilhelm Bungert* das beste Beispiel. Mit einem ausgezeichneten Service hätte er dank seiner einmalig guten und schnellen Grundschläge in Wimbledon sicherlich mehrmals triumphiert. Wirkliche Talente kennen natürlich keine Aufschlagsorgen. Wer sich aber die einzelnen Schläge erarbeiten muß, der braucht viel Geduld und vor allem Energie. Hämmern Sie sich immer wieder ein: Der Aufschlag ist der einzige Ball, auf den der Gegner keinen Einfluß hat. Sie allein bestimmen über Güte, Härte oder Sicherheit dieses Balls. Keiner hetzt Sie, keiner zwingt Sie, so zu spielen, wie es der Gegner wünscht. Trotzdem geben fast alle diesen einzigartigen Triumph leichtsinnig aus der Hand. Die Technik wird ignoriert, die Härte mit Durchschlagskraft verwechselt. Die erste Fehlerquelle beginnt schon beim Hochwerfen des Balls. Der linke Arm wird nicht durchgestreckt, und der Ball fliegt überall hin, nur nicht senkrecht nach oben. Der Ball soll aus dem gestreckten Arm vor dem linken Auge mehr gestoßen als geworfen werden. Gehen Sie in eine einsame Ecke und versuchen Sie, den aus der geöffneten Hand hochgestoßenen Ball in der Ausgangsstellung zu fangen.

Erst wenn diese Lektion hundertprozentig klappt und Sie den Ball immer wieder in die gleiche Höhe bringen können, beginnt die Arbeit mit dem Schläger. Fassen Sie ihn wie beim Vorhandball an. Stellen Sie sich etwas seitlich zur Grundlinie (zunächst etwa 30 Zentimeter vom Mittelpunkt entfernt), verlagern Sie das Gewicht gleichmäßig auf die gegrätschten Beine (etwa 30 Zentimeter auseinander), wobei die Spitze des vorderen Fußes schräg nach vorn zeigt und der hintere Fuß fast parallel zur Grundlinie steht. Bringen Sie bei Beginn des Bewegungsablaufes die linke Schulter ganz nach vorn und beschreiben Sie mit dem rechten Arm eine Schleife, von vorn nach hinten und dann hoch. Legen Sie Ihr ganzes Körpergewicht in den Schlag, verlagern Sie es also vom hinteren rechten auf den vorderen linken Fuß. Strecken Sie sich und treffen den Ball auf dem höchsten Punkt. Der Schläger schwingt dann nach vorn aus, neben dem linken Bein. Gerade der Aufschlag läßt sich von Klassespielern wundervoll abschauen. Nehmen Sie sich also Zeit und beobachten Sie genau den Ablaufrhythmus eines guten Aufschlags. Die gewonnenen Erkenntnisse wirken sich

*John McEnroe (USA)*
*in vorbildlicher Aufschlaghaltung. Die Augen fixieren den hochgeworfenen Ball, der Körper ist gespannt wie eine Feder und wird im nächsten Augenblick nach vorn schnellen, dabei dem Schläger den größtmöglichen Schwung mitgebend.*

beim Training vorteilhaft aus. Trainieren Sie ohne Hast. Versuchen Sie nicht, einen schlecht geworfenen Ball zu treffen. Dabei kommt nichts heraus. Fangen Sie wieder von vorn an. Für den Aufschlag gilt das gleiche wie für die Grundschläge: Nicht die Härte, sondern die Länge der Bälle entscheidet. Ein harter, aber zu kurzer Aufschlag kann besser zurückgeschlagen werden als ein weicher, aber gut gesetzter und vor allem langer Ball. Die große Schwäche bei Anfängern liegt ja in der zu späten Ausholbewegung. Erlernen Sie also zunächst einen sicheren, aber langen Aufschlagball. Der Erfolg stellt sich schnell ein. Lassen Sie sich beraten, wenn zu viele Bälle im Netz landen. Derartige Fehlerquellen müssen sofort abgestellt werden, sonst laufen Sie ein ganzes Leben lang einer besseren Aufschlagtechnik nach.

Verfallen Sie niemals in den Irrtum, den ersten Ball sehr hart, aber unkontrolliert und den zweiten Ball aus lauter Angst vor einem Doppelfehler nur zaghaft zu schlagen! Ein sicherer zweiter Aufschlag ohne Schnitt ist undenkbar. Hier hilft die Theorie nur sehr wenig, die Praxis aber um so mehr. Der Ball wird über dem linken Auge nach hinten geworfen, der Schlägergriff etwas gedreht und der Schlägerkopf hinter dem Rücken tief nach unten gebracht. Die letzte Phase des Zuschlagens geschieht von links hinten nach rechts oben, in die Sprache der Uhr übertragen von »zwanzig vor bis zehn nach«. Der Schläger kann entweder nach links oder auch nach rechts ausschwingen. Entscheidend bleibt die Technik. Wer den ganzen Arm nach vorn schwingt, kommt rechts herunter, wer es mit dem Handgelenk macht, landet links.

Gerade beim amerikanischen Twist-Aufschlag spielt der Hüftschwung eine entscheidende Rolle. Wer diesen Ball nur mit dem Arm schlägt, erreicht nur einen Hauch eines angeschnittenen Balls. Gehen Sie sowohl beim geraden wie auch beim angeschnittenen Service etwas in die Knie, um den Körper dann hochzuschnellen. Bringen Sie die linke Schulter weit nach vorn, denn nur in seitlicher Position gelingen gute Aufschläge. Turnierbesuchern fällt der perfekte Aufschlag bei zum Teil schwächeren Überseespielern auf. Dieses Geheimnis läßt sich leicht lösen. Wer in Amerika oder Australien mit Tennis beginnt, findet zu 90 Prozent nur den schnellen Rasen- oder Zement-

*Tracy Austin (USA)*
*war bereits mit 16 Jahren absolute Weltspitze. Eines ihrer Erfolgsgeheimnisse: Sie vermag – wie Björn Borg – Vorhand und (beidhändige) Rückhand gleichermaßen druckvoll und präzise zu schlagen.*

boden vor. Bereits nach wenigen Übungsstunden erkennt jeder Junge oder jedes Mädchen den Vorteil eines guten Aufschlags. Wer auf Rasen oder Zement nur einen defensiven Aufschlag riskiert, steht auf verlorenem Posten. Der Gegner läuft mit dem Aufschlagreturn vor, nimmt die bessere Netzposition ein und gewinnt den Punkt. Deshalb beherrschen die Überseespieler auch den Flugball besser als jene, die nur Asche kennen.

Wer im Frühjahr auf den meist weichen bundesdeutschen Plätzen mit Tennis startet, sieht keinen Vorteil in einem harten Aufschlag oder beim unmittelbaren Vorlaufen zum Netz. Auf schnellem Boden – vor allem in der Halle – liegt die Situation anders. Der Grundlinienspieler nimmt automatisch die schlechtere Position ein. Kinder und Jugendliche haben für so etwas natürlich ein besonderes Gespür. Vornehmlich in Australien, aber auch in den USA demonstrieren bereits alle Junioren das moderne Doppel (alle vier Akteure am Netz). Die ehrgeizigen Kinder trainieren den Aufschlag selbstverständlich mehrere Stunden am Tag. Sammeln Sie wenigstens 20 Bälle und üben dann eine Stunde lang. Die beste Möglichkeit dazu ergibt sich im Sommer ab 20 Uhr. Auch die hereinbrechende Dunkelheit verhindert kein systematisches Aufschlagtraining.

Natürlich fällt auch das andere Extrem auf. Ein Überseespieler verfügt in der Regel über einen guten Aufschlag, aber vielfach leider nur über mangelhafte Grundschläge. Auch dabei spielt der Rasen- oder Zementboden eine wichtige Rolle. Hier regiert das sogenannte »Bum-Bum-Tennis«, lies: Aufschlag, Rückschlag, Volley und Ende des Ballwechsels. Diese Angriffsstrategen besitzen überhaupt kein Gefühl für ein ausgeprägtes Grundlinienspiel. Ist der Aufschlag hart, aber nicht lang, so können die auch auf Asche groß gewordenen Europäer den Ball effektvoll zurückschlagen. Der Überseecrack erreicht zwar den Return, kann aber nur einen defensiven Flugball anbringen und wird mit dem nächsten Schlag bezwungen.

Mit dem Aufschlag allein ist also kein Match zu gewinnen, auch wenn diese Meinung öfters vorherrscht. Um einen Satz für sich zu entscheiden, muß man dem Gegner wenigstens einmal den Aufschlag abnehmen. Das gelingt nur mit sicheren Grundschlägen. Ein Paradebeispiel für das Duell eines Spielers mit hervorragendem Aufschlag und eines Spielers mit großartigen Grundlinienschlägen bot das Wimbledonfinale 1979 zwischen dem Amerikaner *Roscoe Tanner* und dem viermaligen Champion *Björn Borg*. Nur einmal gelang es *Tanner*, dessen Grundschläge – gemessen an der Weltklasse – allenfalls solides Mittelmaß erreichen, den Aufschlag des Schweden zu durchbrechen. Das reichte dann zwar zum Gewinn eines Satzes (der zweite Satzgewinn gelang *Tanner* ohne Aufschlagdurchbruch erst im »Tie-Break«). Im Endeffekt aber setzte sich *Borg* gegen den unglaublich harten Aufschlag des Amerikaners durch, weil er über die besseren Grundschläge verfügte und diese Waffe konsequent einsetzen konnte, wenn *Tanner* auch nur die geringste Konzentrationsschwäche beim Service erkennen ließ. Brachte *Borg* mit eigenem Aufschlag selbst den Ball ins Spiel, so war er – abgesehen von der eben erwähnten Ausnahme – dank seiner überlegenen Grundschläge ohnehin der dominierende Spieler.

## Der Schmetterball

Rennt bei einem Spiel zweier Anfänger der eine ans Netz vor, antwortet der andere sofort mit einem hohen Ball (Lob). Der Zuschauer vernimmt einen geräuschvollen Schlag und meistens noch ein kaum druckreifes Schimpfwort, denn der mit großer Wucht geschlagene Ball landete im Zaun. Vielleicht probiert der mutige Angreifer den Schachzug noch einmal. Mißlingt er wiederum, läßt er die hohen Bälle aufspringen, läuft ihnen nach und führt den Kampf von der Grundlinie weiter. Damit ist für ihn das Thema »Schmetterball« zu Ende.

Der Schmetterball gehört sicherlich zu den schönsten, aber auch zu den schwierigsten Schlägen. Vorbedingung für ein sauberes Treffen ist zweifellos ein gutes Auge. Die Technik kennen wir vom Aufschlag her. Allerdings spielt es keine Rolle, ob man den Schläger vor oder hinter dem Körper hochreißt. Die Kunst liegt in der genauen Beobachtung des stets mit unterschiedlicher Geschwindigkeit ankommenden Balls. Deshalb wird der Ball oft unterlaufen. Auch der andere Fehler (zu weit vom Ball stehen) verdirbt den Schmetterball.

Der Smash muß genauso gründlich wie alle anderen Schläge trainiert werden. Versuchen Sie immer, mit dem rechten Fuß abzuspringen und auf dem linken zu landen. Auch beim Sprung nach hinten geht die linke Schulter wie beim Aufschlag automatisch nach vorn. Wer sich frontal zum Netz zurücklegt, braucht sich über einen verunglückten Ball nicht zu wundern. Verlagern Sie aber, ehe Sie springen, das Gewicht auf den rechten Fuß. Können Sie den hohen Ball ohne Sprung schlagen, so denken Sie ebenfalls an das frühzeitige Hochnehmen des Schlägers. Spieler, die beim Schmettern den linken Arm hochreißen, erreichen damit eine ausgewogene Balance. *Rod Laver* sagte einmal treffend: »Wenn Schläger und freie Hand oben sind, ist es verhältnismäßig einfach, sich unter den Ball zu stellen und ihn mit jenem Schwung wegzuschlagen, der beim Aufschlag Anwendung findet.« Ein guter Schmetterball erhält keinerlei Drall. Über die Härte lassen sich kaum Grundregeln aufstellen. Ein temperamentvoller Spieler, der den Schlag beherrscht, wird kräftiger zuschlagen als ein Techniker, der immer versucht, eine gute Plazierung der Härte vorzuziehen. Bringt Ihr Gegner einen steilen Lob, so lassen Sie den Ball ruhig in Ihrem Feld aufspringen. Danach ist er viel einfacher wegzuschlagen. Viele Damen auf dem europäischen Kontinent haben infolge ihrer Unbeweglichkeit auch Angst vor dem Schmetterball. Richtige Schlag- und Sprungübungen wirken oft Wunder. Also Mut, meine Damen . . . und Ausdauer! Es fällt keine Meisterin vom Himmel. Ohne Training läßt sich die Unsicherheit vor diesem Ball nicht vertreiben.

Der Schmetterball sollte niemals als letzter Schlag erlernt werden, sondern gleichzeitig mit dem Aufschlag und Flugball. Ein Spieler, der den Flugball, aber nicht den Smash beherrscht, besitzt am Netz keinerlei Selbstvertrauen. Der Gegner wird schnell herausfinden, wie der Hase läuft. Was nützt Ihnen der beste Volley, wenn Sie laufend mit Lobs gefüttert werden! In allen Spielklassen verlieren die Angreifer oft den Nerv und damit auch die Sicherheit, wenn sie auf den Schmetterball verzichten müssen. Im Kapitel über das Training an der Wand können Sie nachlesen, wie der Smash geübt werden kann, denn Partner, die einem permanent hohe Bälle zuspielen, sind immer rar.

Selbstverständlich schlagen die einzelnen Spieler unterschiedliche Lobs, die einen höher, die anderen tiefer, wieder andere mehr angeschnitten. Lassen Sie sich vor dem Kampf ein paar Lobs zuspielen, um sich vorher an diesen Ball zu gewöhnen.

*John McEnroe (USA)*
*bei einem Schmetterball, den er weit hinter dem Körper nehmen mußte, weil der Lob ihn offensichtlich in arge Bedrängnis gebracht hatte. Ein solcher Smash aus der Rückwärtsbewegung heraus ist einer der schwierigsten Schläge im Tennis.*

Die Schmetterball-Schwäche bei Damen beruht in erster Linie auf dem Verzicht, diesen Schlag konsequent zu üben. Die amerikanischen und australischen Mädchen, ob spielstark oder nicht, beherrschen den Smash, weil ihre Trainer strikt auf der Einhaltung dieser Trainings-Lektion bestehen. Oft läßt sich durch eine kleine Korrektur der Schlag entscheidend verbessern.
Erstaunlich ist oft die Diskrepanz zwischen einem guten Aufschlag und einem schlechten Schmetterball. Deshalb muß auch den Kindern die Angst vor diesem Ball genommen werden. Kein Schlag darf als besonders schwierig herausgestellt werden. Ein Smash muß die natürlichste Sache von der Welt bleiben. Nur so gewinnt man die Beherrschung über diesen Ball.

## Der Stopball

Spieler, die den Slice (unterschnittener Schlag) oder den Chop (Hackschlag) beherrschen, besitzen am ehesten die Fähigkeit zu einem vernünftigen Stopball. Ballgefühl ist natürlich Voraussetzung. Ein Stopball darf vorher niemals signalisiert und selbstverständlich nur auf die für den Gegner ungünstigste Stelle geschlagen werden. Die beste Position für einen erfolgversprechenden Stopball findet der Spieler zwischen der Grund- und Aufschlaglinie. Technisch versierte Könner wie der Rumäne *Ilie Nastase* oder der Spanier *Manuel Orantes* spielen einen vollkommen verdeckten Stop auch von der Grundlinie aus. Der richtige Stopball benötigt einen starken Unterschnitt. Wird er übertrieben, steigt der Ball, bleibt er gänzlich aus, »verhungert« er vor dem Netz. Der höchste Punkt der Flugbahn sollte deshalb kurz vor dem Netz liegen. Dann fällt der Ball ziemlich schnell. Der vorlaufende Gegner muß ihn praktisch ausgraben. Er besitzt kaum eine Möglichkeit, den Ball effektvoll zurückzuschlagen.
Um den Gegner im unklaren über die Taktik zu lassen, achten Sie auf zwei Dinge: Die Ausholbewegung soll wie zu einem normalen Rückhand-Slice erfolgen. Dann stoppen Sie (deshalb auch der Name) die Durchzugsbewegung ab. Dadurch erhält der Ball den notwendig starken Unterschnitt, der ihn nicht zu weit fliegen läßt. Es gibt Stopballkünstler, die können den Ball so phantastisch auf den Platz »legen«, daß er nach dem Aufsprung fast

liegenbleibt. Ein auf dem falschen Fuß erwischter Spieler unternimmt dann noch nicht einmal die kleinste Startbewegung. Der Stopball bleibt ein Überraschungsschlag. Deshalb soll man ihn nicht permanent anbieten, es sei denn, man will den Gegner ermüden. In der heutigen Weltklasse wird der Stopball als Waffe allerdings eher vernachlässigt.
Wie lautet nun die beste Antwort auf einen Stopball? Die gegebene Situation entscheidet über die Taktik. Verharrt der Gegner nach der Ausführung des Schlags auf der Grundlinie, muß der Gegenstop kommen. Auch wenn der Gegner diesen Ball noch erreicht, schlägt er ihn nur unplaziert zurück. Sie können ihn am Netz leicht abfangen. Befindet sich der Gegner im Mittelfeld, spielen Sie den Stop entweder entlang der Seitenlinie (aber recht weit an die Grundlinie) zurück oder dem Gegner vor die Füße. In beiden Fällen bieten sich keine Möglichkeiten zu einem exakten Passierschlag. Einen verunglückten Stopball, der also hoch wegspringt, sollten Sie mutig ins gegnerische Feld schlagen. Meistens können Sie einen direkten Punkt erreichen.

# Taktik und Training

Nur wenige Neulinge begnügen sich mit dem monotonen Bälleschlagen. Wer einmal ein aufregendes Match sah, fiebert dem Augenblick entgegen, diese Nervenprobe selbst zu erleben. Die Dramatik stellt sich auch beim kleinsten Vergleich ein, selbst dann, wenn es unter Freunden nur um ein Glas Bier geht. Wer allerdings etwas Spaß bei diesen internen Auseinandersetzungen haben will, muß sich die für den Wettkampf notwendigen Schläge im Training aneignen. Es ist völlig sinnlos, einen Schlag, den man gut beherrscht, im Training dauernd zu demonstrieren, nur um seinem Klubkameraden eine hohe Niederlage beizubringen. Nicht immer steht ein guter Partner zur Verfügung.

Verfügt Ihr Gegner über einen schwachen Rückhandball, dagegen über einen starken Vorhandschlag, so spielen Sie im Training zu 80 Prozent die Vorhand an. Vielleicht verlieren Sie durch diese Taktik mehrmals, aber was bedeutet dies? Ihr Gegner setzt Ihre schwache Stelle unter Druck, und Sie bemühen sich, mit größter Konzentration den Schlag zu verbessern. Die wenigen Trainingsstunden sollten Sie stets nutzbringend ausfüllen. Schweigen Sie vor allem über Ihre Einstellung zu derartigen Begegnungen.

Befindet sich auf Ihrer Anlage eine Tenniswand, schlagen Sie vorher ein paar Bälle. Üben Sie Aufschläge, machen Sie ein paar Kniebeugen und Rumpfdrehungen. Ein ruhiges Plätzchen, wo Ihnen niemand zuschaut, finden Sie immer. Selbst in der Umkleidekabine lassen sich ein paar Dehnübungen einstreuen. Viele lächeln über derartige Empfehlungen. Gut, denen ist nicht zu helfen. Jene, die es tun, lernen den Vorteil, vorbereitet und in den Muskeln angewärmt auf den Platz zu kommen, schnell schätzen.

Überreden Sie Ihren Partner, wenigstens 15 Minuten lang Bälle zu schlagen. Besser gesagt: Schläge zu üben. Was man darunter versteht? Ein paar Minuten nur Vorhand entlang der Linie, dann Vorhand cross, Rückhand entlang der Linie oder Rückhand cross. Nur wer den Ball wenigstens zehnmal auf einen Punkt schlagen kann, dem bereitet Tennis nicht nur Mühsal, sondern auch Freude. Selbst das Vorlaufen zum Netz muß irgendwann trainiert werden. Der erste Flugball wird noch in vorgeschriebener Position geschlagen. Anschließend vergessen 90 Prozent der Spieler, wenigstens einen Meter vorzurücken. Nahe am Netz können Sie erstens die Crossbälle besser erreichen und zweitens die ansteigenden Passierbälle des Gegners effektvoller wegdrücken.

Viele unterschätzen den Wert eines guten Aufschlag-Returns. Versuchen Sie einmal, den gegnerischen Aufschlag viermal gerade oder viermal cross zurückzuschlagen. Sie werden über die Unsicherheit in Ihren Schlägen erstaunt sein. Bitten Sie deshalb Ihren Partner, mehrmals zu servieren. Visieren Sie einen Punkt an und versuchen Sie, den Ball auf diese Stelle zu schlagen. Sie werden eine große Genugtuung verspüren, wenn Sie den Ball bei einem Wettkampf und vielleicht noch in einem kritischen Augenblick (etwa bei 40:30 oder 30:40) dorthin spielen können, wo er auch hin soll!

Die meisten Spieler heben in Augenblicken größter Nervenanspannung den Ball nur über das Netz. Daran erkennt jeder die Stärke oder die Schwäche des Selbstvertrauens. Wer einen Schlag hundertprozentig beherrscht, spielt ihn auch in diesen kritischen Momenten mit voller Wucht auf die für seinen Gegner unangenehme Stelle. Ein Training nach einem gewissen Schema bleibt stets lohnenswert. Natürlich liegen Training und Kampf auf zwei grundverschiedenen Ebenen. Im Training spielen Sie locker und frei, im Kampf ängstlich und nervös. Dieses Stadium müssen Sie aber überwinden. Alle Spieler durchwandern diesen Teil der Erfolgsebene. Verzagen Sie nicht, wenn es zunächst schiefgeht. In allen Lebenslagen sind die Wege durch das Fegefeuer für den einen länger, für den anderen kürzer. Auch im Tennis kommt es nur auf die Willenskraft an.

Trotz des Hallenbooms müssen viele Tennisspieler sechs oder sieben Monate mit dem weißen Sport aussetzen, weil sie keine

Möglichkeiten zum Wintertraining finden. Trotzdem sollten Sie nicht untätig sein. Denken wir an den Skisport. Auch hier werden die Warnungen, nicht untrainiert auf die Piste zu gehen, vielfach in den Wind geschlagen. Erst ein Beinbruch oder eine Zerrung rütteln alle wach. Die Gelenke dürfen im Winterhalbjahr nicht einrosten. Viele helfen sich mit Hockey oder Fußball, manche mit Tischtennis. Wichtig bleibt die Bewegung des Körpers. Wer keinerlei Chancen sieht, einen anderen Sport zu betreiben, sollte sich mit der täglichen Gymnastik und einem wöchentlichen Waldlauf anfreunden. Seilspringen, Kniebeugen, Rumpfdrehen, Liegestütz oder alle einschlägigen Übungen, die das Fettpolster bekämpfen, müssen auf dem Trainingsprogramm stehen.
Schon zehn Minuten Gymnastik pro Tag halten den Körper fit. Viele haben für diese These nur ein Kopfschütteln übrig. Der eingehaltene tägliche Rhythmus hilft tatsächlich besser als einmal in der Woche 60 Minuten Sport. Wir muten den Muskeln plötzlich zu viel zu. Sie werden sozusagen ohne Vorwarnung stark strapaziert und danach wieder in einen einwöchigen Ruheschlaf versetzt. Für die Beine sind vor allem viele Starts und »Brems-Aktionen« wichtig. Langlauf ist gut, um Ausdauer zu gewinnen. Der Tennisspieler rennt aber stets eine bestimmte Strecke (nämlich die Breite des Tennisplatzes mit 8,23 Meter) hin und her. Darauf muß sich das Beintraining aufbauen. Selbst Klassespieler geraten in Schwierigkeiten, wenn sie von Asche auf Rasen oder Zement wechseln. Auf Asche können sie in den Ball hineinrutschen, auf Rasen und Zement müssen sie mit kleinen, aber schnellen Schritten durchlaufen. Schon dieser doch relativ kleine Unterschied in der Beanspruchung der Beinmuskeln bringt einen Muskelkater ein.
Niemand kann auf einmal alle Ratschläge behalten oder befolgen. Lassen Sie deshalb dieses Taschenbuch immer griffbereit liegen. Sobald Sie auf eine Unklarheit stoßen, sollten Sie das bestimmte Kapitel erneut nachlesen. Die Zeiten, wo man Tennis aus dem Stand spielte, sind vorbei. Auch die Trainingsmethoden änderten sich. Kein guter Tennislehrer wird Ihnen die Bälle so zuspielen, daß Sie keinen Schritt zu laufen haben. Alles zielt heute auf Bewegung ab. Deshalb kann ein steifer Körper mit dem Ball nur recht wenig anfangen. Ein *Rod Laver* knetete monatelang einen Tennisball in der Tasche, um die Muskeln der

*Guillermo Vilas (Argentinien)*
*demonstriert hier, wie man zu einem stark überrissenen Ball ausholt. Der Schlägerkopf ist tief heruntergenommen, damit die Bespannung von unten in extremer Aufwärtsbewegung um den Ball herumgeführt werden kann.*

Hand und des Handgelenks auszubilden. Niemand verlangt von Ihnen eine derart eiserne Energie. Aber etwas davon muß man schon aufbringen.

## Konzentration und das Selbstvertrauen

Oft scheitern Anfänger und jene, die sich verbessern wollen, an lächerlichen Kleinigkeiten. Beim Flugball stehen sie einen halben Meter zu weit weg vom Netz, werfen den Ball beim Aufschlag zehn Zentimeter zu niedrig oder besitzen kein Vertrauen zu den gelernten Schlägen. Manche bemühen sich ein ganzes Leben lang, diese Kleinigkeiten auszuschalten. Junge Spieler, die auf Anhieb im grellen Licht großer Meisterschaften triumphieren, sind entweder großartige Talente oder unwahrscheinliche Glückskinder.

Selbstvertrauen ist für viele oft nur ein Fremdwort. Die Tatsache, daß man in jedem Kampf Fehler machen muß, wird nicht als Ursache, sondern als lästiges Übel empfunden. Über die Schwelle der Unsicherheit führt dieser Weg zur Nervosität, die jeden dazu verdammt, weit unter seiner normalen Form zu spielen. Nur jene, die verschlagenen Bällen nicht nachtrauern, kommen auch voran.

Talent und Selbstvertrauen erhält niemand gleichzeitig in die Wiege gelegt. Selbstsicherheit muß man erlernen. Natürlich kann man sie erst bei einem bestimmten Quantum von Können zur Geltung bringen. Viele übersetzen Selbstvertrauen mit Routine. Aber das stimmt nicht. Mit Routine kann man einen Gegner aus dem Schlagrhythmus bringen. Mit Selbstvertrauen holt jeder aus den vorhandenen Mitteln das Höchstmögliche heraus. Ein Spieler mit Selbstvertrauen läßt sich durch einige mißlungene Schläge nicht aus dem Gleichgewicht bringen. Er versucht, diese schwache Leistungsphase sofort zu überwinden.

Jeder sollte danach trachten, eine Schwächeperiode nicht durch eine Leidensmiene kundzutun. Ein routinierter Gegner schlägt daraus sofort Kapital. Tennisstrategie ist ein besonders schwieriges Kapitel. Wer wirklich vorankommen will, muß danach streben, sich auf den nächsten Ball zu konzentrieren und nicht auf den späteren Sieg. Oft wird nur deshalb ein leichter Ball verschla-

*Tracy Austin (USA)*
*ist der lebendige Beweis dafür, daß auch Frauen – ja sogar Kinder – hart aufschlagen können. Dies ist in erster Linie eine Frage der Technik und der richtigen Gewichtsverlagerung, die in dieser Situation soeben vom linken Standbein auf das in der Vorwärtsbewegung befindliche rechte Bein übergeht.*

gen, weil jeder zu sehr an den Ausgang des Kampfes denkt. Das Gefühl für das richtige Handeln im Augenblick geht verloren.
Das moderne Tennis erfordert ein gutes Allround-Können, aber dennoch eine bestimmte Spezialisierung, die man zur gegebenen Zeit in die Waagschale wirft. Brillante Techniker wie *Ilie Nastase* oder *Manuel Orantes* feierten zwar große Erfolge, doch sie standen nie über einen längeren Zeitraum hinweg an der Spitze. Dazu fehlte ihnen einfach eine tödliche Waffe, auf die sie sich jederzeit hätten verlassen können. Ihre Art, Tennis zu spielen, war Kunst, die sich vor allem bei *Nastase* häufig in Selbstzweck erschöpfte.

## Tennis bei Sonne, Wind und Regen

Sollten Sie es in Ihrem Tennisleben – auf welcher Ebene auch immer – sogar zum Turnierspieler bringen, so werden Sie sich häufig auch mit widrigen Witterungsverhältnissen abzufinden haben. Sie werden, wenn es der Terminplan vorschreibt, bei grellem Sonnenschein, der den Platz in viele dunkle und helle Flecken taucht, ebenso anzutreten haben wie etwa bei hohen Temperaturen oder bei heftigem, häufig aus wechselnden Richtungen blasendem Wind oder mitunter auch bei nieselndem oder gar kräftigerem Regen.
Stellen Sie sich daher bewußt auf solche Verhältnisse ein, indem Sie ganz gezielt auch unter solch schwierigen Bedingungen trainieren. Wie sonst wollen Sie sich beim Wettkampf, auch innerhalb des Vereins, bewähren? Wer an der See aufwächst, dem macht Wind überhaupt nichts aus. Er kennt ja keine andere Möglichkeit, als den Ball bei Wind zu schlagen.
Die Binnenländer schimpfen über die berühmten »Windspiele« wie Rohrspatzen. Der Zuschauer kann die tollsten Ballduelle beobachten. Ein Lob, der hoch in der Luft weit über das Netz hinausfliegt, springt plötzlich auf der Seite des Spielers, der ihn geschlagen hat, wieder auf. Einen richtig angesetzten Stopball nimmt der Wind mit und verwandelt ihn zu einem langen Treibschlag. Wer gegen den Wind spielen muß, dem fehlen bald die Kräfte zu harten Bällen. Der Seitenwind degradiert Könner zu Anfängern, weil der Ball einmal vom Körper weg- und dann wieder zum Körper hinspringt. Es lohnt sich deshalb, etwas

mehr über die Technik beim Wind zu erfahren. So manche unmögliche Situation läßt sich dann doch noch meistern.

Zwei Grundregeln sollten tunlichst beachtet werden: Den Ball noch genauer beobachten und frühzeitiger ausholen. Der Ball ändert oft zweimal seine Richtung, beim Anflug und nach dem Aufsprung. Spielen Sie mit Wind, versuchen Sie, den Ball flach zu halten, keine Stopbälle oder Lobs zu riskieren. Diese Schläge verunglücken hundertprozentig. Schlagen Sie die Bälle mit halber Kraft, führen Sie den Schläger aber gut durch. Gehen Sie dem Ball einen Schritt entgegen, um ihn möglichst im höchsten Punkt der Flugbahn zu treffen.

Weitaus mehr Schwierigkeiten bereitet das Spiel gegen den Wind. Sie benötigen nun größeren Krafteinsatz und schnellere Reaktion. Jetzt dürfen Sie kurze Bälle und Lobs wagen. Erfolgversprechend sind angeschnittene Bälle. Sie springen beim Gegner nicht hoch weg, er muß sich bücken und den Ball von unten nach oben schlagen. Meistens werden diese Returns dann vom Wind ins Aus getragen.

Unangenehm wirkt sich auch der Seitenwind aus. Er verlangt neben Schnelligkeit in der Reaktion auch eine leichte Fußarbeit. Der Ball wird ja zum Körper hin- oder vom Körper »weggeblasen«. Lernen Sie vor allem, mit Rückenwind unbedingt anzugreifen. Einmal muß Ihr Gegner fest zuschlagen, zum anderen verliert er über seine Schläge, weil er schneller reagieren muß, auch die nötige Kontrolle. Die meisten Fehlerquellen werden Sie beim Aufschlag registrieren. Es besteht oft keine Möglichkeit, den Ball gerade hochzuwerfen. Deshalb hilft Ihnen in dieser mißlichen Situation ein Aufschlag mit Schnitt (Twist) enorm weiter. Auch hier brauchen Sie beim Schlag gegen den Wind viel mehr Kraft oder Schwung.

In der Theorie lassen sich »Windspiele« nicht erlernen. Also hinaus auf den Platz, wenn es einmal kräftig bläst. Die Praxis lehrt alles viel besser. Nur vergessen Sie eines nicht: Es soll keine Gaudi sein, sondern ein Training mit großer Konzentration.

Nicht nur Wind kann zum Handicap für den Spieler werden. Oft muß ein feuchter, ja glitschiger Platz in Kauf genommen werden. Jetzt kommt es darauf an, den Ball mit kleinen Schritten zu erlaufen. Nicht Härte, sondern genaue Plazierung steht obenan. Kluge Spieler setzen den Ball zweimal in die gleiche Ecke, um den Gegner auf dem falschen Fuß zu erwischen. Eine schnelle Drehung auf dem nassen Boden ist notwendig. Das geht meistens schief. Auch unebene Plätze bereiten einem viel Kummer. Hier gelten die gleichen Regeln wie beim Wind: Zeitig ausholen und viel zum Netz laufen. Beim Gegner verspringen die Bälle ebenso. Genaue Passierbälle sind fast unmöglich.

Benachteiligen Wind, Nässe und unebene Plätze beide Spieler fast gleichmäßig, so finden wir bei der Sonneneinstrahlung unterschiedliche Reaktionen vor. Manche sind gegen »scheckige Plätze« (einmal Sonne, einmal Schatten) immun. Andere werden in ihrer Reaktionsschnelligkeit beeinflußt. Verständlicherweise zieht sich ein Verteidigungskünstler beim Spiel gegen die Sonne besser aus der Affäre als ein Angreifer. Mit den vom Gegner sofort angebotenen Lobs kann er gegen die Sonne überhaupt nichts anfangen. Eine Sonnenbrille hilft vielleicht weiter.

Tennisfreunde, die auf öffentlichen Plätzen spielen, finden oft nur zementähnliche Bodenbeläge vor. Der Ball springt nicht so hoch wie auf Asche und vor allem etwas schneller ab. Trotzdem bleibt die Schlagtechnik gleich, es ist nur ratsam, etwas öfter in die Knie zu gehen, um ein Durchhängen des Schlägerkopfes zu vermeiden. Wer eine lange Ausholbewegung macht, muß den Schläger frühzeitig zurücknehmen. Ein Hineinrutschen in den Ball fällt weg. Der Ball kann mit kleinen Schritten und beim Durchlaufen erreicht werden.

Ein glatter Aufschlag bringt größere Durchschlagskraft als auf Asche. Nutzen Sie diesen Vorteil zum Angriff aus. Auch beim Flugball werden Sie plötzlich eine bessere Wirkung Ihrer Schläge vermerken. Eine gewisse Enttäuschung überfällt jeden, der von Zement auf Asche wechselt. Plötzlich fliegen alle Bälle langsamer, die Fehlerquoten steigen und oft auch die Grundschläge, weil der Ball zögernder ankommt. Diese Erfahrung macht jeder.

## Das Doppelspiel

Eines Tages kommt der Augenblick, wo Sie in Ihrem Verein zu einem Doppel aufgefordert werden, weil ein vierter Spieler fehlt. Aller Anfang ist schwer, aber Sie haben ja den Flugball bereits trainiert und kennen die Anforderungen an einen Doppelspieler. Diese Konkurrenz artet natürlich bei Anfängern in neun von zehn Fällen zu einem Gemischten Doppel aus. Zwei Spieler stehen am Netz, zwei auf der Grundlinie, und die Ballduelle gehen an oder über dem Netzspieler vorbei. So kann man aber keine Freude am Doppel gewinnen. Deshalb meine dringende Bitte: Rücken Sie bei jeder Möglichkeit ans Netz vor! Flugballfehler müssen Sie zunächst einkalkulieren, wer aber schon im Training unsicher wirkt oder gar Angst vor den Vorwürfen seines Partners hat – der wird natürlich nie ein vernünftiges Doppel erlernen. Ein farbiges Doppel, auch in den unteren Niveauklassen, bereitet jedem Spaß. Warum wollen Sie darauf verzichten?

Auch bei einem kleinen Klubdoppel sollten Sie ein paar Absprachen mit Ihrem Partner treffen. In erster Linie muß Klarheit darüber herrschen, wer nach einem Lob rennt, wenn Sie und Ihr Partner am Netz stehen. Stehen Sie und Ihr Partner nicht auf gleicher Höhe, kann es keine Komplikationen geben, denn dann läuft derjenige zurück, der weiter zurückhängt. Stehen die Spieler aber auf gleicher Höhe, muß derjenige, der mit einem hohen Ball überspielt wird, sofort auf die andere Seite wechseln, da sein Partner ja zurückläuft. Herrscht Uneinigkeit über die Taktik, erleben wir oft die kuriosesten Situationen. Entweder bleiben beide Spieler stehen oder beide drehen sich nach innen um und stoßen zusammen. Die größte Todsünde begeht ein Doppelspieler aber beim Verharren im Mittelfeld. Es gibt nämlich nur zwei Möglichkeiten für erfolgreiche Aktionen: Entweder auf der Grundlinie oder eineinhalb bis zwei Meter vor dem Netz. In diesen Positionen können Sie mit listigen Bällen kaum ausgespielt werden.

Wichtiger als ein harter, aber zu kurzer Aufschlag ist ein langer, aber gesetzter Ball. Der Rückschläger kommt in bedrängte Lage, schafft nur einen schlechten Return und gibt somit dem gegnerischen Netzspieler oder vorlaufenden Aufschläger Gelegenheit zu einem erfolgreichen Volley. Versuchen Sie immer wieder, in die gegnerischen Returns hineinzuspringen, wenn Sie am Netz stehen. Ihr Gegner soll wissen, daß Sie am Netz nicht schlafen. Setzen Sie Ihre Flugbälle dem Gegner vor die Füße. Er kann damit wenig oder überhaupt nichts anfangen. Je länger Sie Doppel spielen, desto klarer erkennen Sie, was es heißt, die Netzposition als erstes Paar einzunehmen.

Werden Sie selbst einmal in die Defensive gedrängt, versuchen Sie einen Passierschlag durch die Mitte der gegnerischen Netzfront. Schauen Sie genau hin, wo die beiden Spieler stehen. Bleiben Sie vor der Aufschlaglinie kleben, dann versuchen Sie, angeschnittene oder kurze Returns zu schlagen. Ihr Gegner wird zu tiefen Volleys gezwungen, die meist hoch zurückkommen. Laufen Sie deshalb selbst zum Netz vor und vollieren den Ball seitlich aus dem Platz.

Trotz aller Aufschlagkünste wird stets das Paar mit den besseren Grundschlägen gewinnen. Widmen Sie deshalb dem Aufschlag-Return größte Aufmerksamkeit. Versuchen Sie keine Gewaltschläge, sondern trachten Sie danach, schwierige Bälle zu bringen. Ihr Gegner muß ja damit etwas anfangen. Auf der anderen Seite steht kein Weltmeister, sondern ebenfalls ein Anfänger oder B-Klassen-Spieler. Was nützen die schönsten Bälle, wenn sie knapp ins Aus gehen oder so ansteigen, daß Ihr Gegner zu einem direkten Punkt nur den Schläger hinzuhalten braucht. Bei 30:40 zittert jeder. Also sind schwierige Bälle die beste Antwort für ein schwaches Nervenkostüm.

Ein Doppel verlangt Teamarbeit. Das wird oft vergessen. Ein gestaffeltes Doppelpaar spielt in aussichtsloser Position. Einer spielt lieber links, der andere rechts. Deshalb die Lage vorher klären. Trotzdem können falsche Aufstellungen unterlaufen. Einzige Chance: Sofort nach Beendigung des Satzes wechseln.

Ein Linkshänder sollte tunlichst auf der linken Seite spielen, denn hier kann er seine manchmal schwache Rückhand optimal einsetzen. Mißglückt dem Gegner aber der Aufschlag, antwortet der Linkshänder mit seinen überrissenen und gefährlichen Vorhandbällen.

Halten Sie später nach einem ständigen Partner Ausschau, so suchen Sie sich ein Klubmitglied mit passender Mentalität und Matchauffassung. Mit ihm können Sie auch allein ein Doppel trainieren. Beginnen Sie wie beim ersten Aufschlag. Ihr Gegner muß diesen Ball allerdings diagonal zurückschlagen, Sie wieder cross vollieren, so lange, bis einer den Ball verschlägt. Dasselbe geschieht dann von der linken Seite aus, bei 15:0 oder 0:15. Danach, bei 30:0, 0:30 oder 15:15 schlägt Ihr Gegner den Ball gerade zurück. Sie laufen schnell zur linken Platzhälfte und vollieren entlang der Linie. Das müssen Sie auch im Doppel tun, wenn Sie einmal die »Tandem-Formation« benutzen. Diesem System werden Sie auf Turnieren noch oft begegnen. Netzspieler und Aufschläger stehen beim Service hintereinander. Ein gefährlicher Cross-Return des Gegners wird damit ausgeschaltet. Auch um den vierten Punkt geht es im gleichen Rhythmus. Danach fängt wieder das Diagonal-Spiel für zwei Punkte an.

Dieses Training zwingt den Aufschläger, sehr schnell ans Netz zu laufen, den Arm zum Flugball weit vorzustrecken und die Bälle äußerst genau zu setzen. Der Rückschläger muß verteufelt gute Returns schlagen und versuchen, ebenfalls ans Netz vorzurücken. Diese Übung, richtig durchgeführt, bringt viel Nutzen. Dabei kann auch der Lob trainiert werden. Oft entscheiden Zentimeter.

Noch ein Wort über das Gemischte Doppel und speziell an die Damen: Bei dieser Konkurrenz werden nicht nur Bälle, sondern auch böse Blicke gewechselt. Deshalb verzichten viele Ehefrauen auf ein Mixed mit ihren Männern! Der Ausgangspunkt des Ärgers ist immer der Gleiche: Steht die Dame am Netz, bieten sich ihr drei Möglichkeiten. Sie kann einen gewinnbringenden Flugball schlagen, ihn verpatzen oder gar nicht erreichen. Im ersten Fall erhält sie ein lächelndes Zunicken, in beiden anderen Fällen ist ihr der Groll des Partners sicher. Was also tun? Am besten aufhören, mit diesen Herren zu spielen.

Ein Gemischtes Doppel soll Spaß bereiten. Meistens darf die Dame nur aufschlagen und wird dann in die Ecke gestellt. Es beginnt das berühmte Spielchen an den Damen vorbei. Und wehe, ein weibliches Wesen traut sich, in einen Ballwechsel der Herren einzugreifen. Dabei sollten die Damen am Netz aktiv werden, nur dann entwickelt sich ein Mixed zu einem farbigen Kampf, nur dann wird diese Partie mehr als nur ein Bälleschlagen.

Auch auf der Grundlinie kommt der Dame eine entscheidende Rolle zu. Sie soll ihren Schlägen Variation geben, indem sie den gegnerischen Herrn genau beobachtet und dann nach ein paar Crossbällen blitzschnell auf einen Ball entlang der Linie wechselt. So kann sie bei ihrem Partner viele Pluspunkte sammeln.

Sprechen Sie Ihrer Partnerin Mut zu, meine Herren! Je selbstsicherer sie auftritt, um so mehr Flugbälle können ihr gelingen. Nur wer ängstlich und zaghaft volliert, spielt unproduktiv. Ein aufmunterndes Wort kann Wunder wirken. Oder soll das Mixed für ewig ein »Einzel mit Damen-Behinderung« bleiben?

## Die Trainingswand, ein guter Partner

Wer kein Geld für einen Tennislehrer und keinen Partner zum Trainieren findet, braucht trotzdem nicht zu verzweifeln. In irgendeiner Ecke der Anlage steht ja die Trainingswand. Leider wird sie in vielen Klubs recht stiefmütterlich behandelt. Oft fehlt das unbedingt notwendige halbe Spielfeld und die Pflege des Platzes. Einige Firmen nutzten diesen Mißstand aus und bauten bewegliche Tenniswände. Sie werden auf den Platz geschoben und am Netz aufgestellt. Der ideale Tennispartner ist gefunden. Ein produktives Spiel an der Wand setzt allerdings viel Selbstdisziplin voraus. Unbekümmertes Knallen bringt keinen Schritt voran. Der Ball darf nicht mehrmals aufspringen und muß mindestens einen Meter über der eingezeichneten Netzlinie aufprallen. Bereits der erste schräge Ball zwingt Sie zum schnellen Start. Wer nur an die Wand geht, um eine halbe Stunde Freizeit zu überbrücken, wird von dieser Art Tennis sehr enttäuscht sein.
Ein vorteilhaftes Training an der Wand strengt mehr an als eine Spielerei mit einem Anfänger auf dem Platz. An der Wand sind Sie immer in Bewegung, denn nach den mathematischen Gesetzen ist der Auftreffwinkel gleich dem Absprungwinkel. Versuchen Sie, den Ball zehnmal im Laufen an die Wand zu schlagen. So erhalten Sie ein gleichmäßiges Vor- und Rückhand-Training. Auch hier bestimmt nicht die Härte die Güte der Schläge.
Verunglückt ein Schlag, kommt er natürlich kürzer zurück. Sie starten also sofort nach vorn, so, als ob Ihr Gegner auf dem Platz einen kurzen Ball über das Netz gehoben hätte. Schlagen Sie derartige Bälle nicht zu fest an die Wand, denn Sie müssen ja rückwärts laufen, um wieder in die Grundstellung zu gelangen. Nach 15 Minuten kommen Sie garantiert ins Schwitzen.
Geradezu ideal ist die Betonwand zum Trainieren der Flug- und Schmetterbälle. Beim Smash schlagen Sie einfach einen Aufschlag einen Meter vor die Wand auf den Boden. Der Ball springt an

die Wand und kommt als Lob zu Ihnen geflogen. Nun visieren Sie immer die gleiche Stelle vor der Wand als Aufsprungpunkt des Balls an. So können Sie minutenlang schmettern, einmal härter, einmal weicher, damit der Ball nicht immer im gleichen Bogen zurückkommt.
Beim Flugball gehen Sie bis auf drei Meter an die Wand heran. Fangen Sie im ruhigen Rhythmus an. Bleiben Sie nicht stehen, sondern denken Sie an die Fuß- und Körperstellung. Vorhand mit linker, Rückhand mit rechter Schulter vorn. Testen Sie Ihre Reaktions- und Bewegungsschnelligkeit durch eingelegte härtere Schläge.
Innerhalb einer Stunde lassen sich an der Wand alle Schlagarten durchüben. Begeistern Sie ein Klubmitglied für dieses Training. Sie können mit ihm ein ganzes Einzel absolvieren. Jeder schlägt abwechselnd. Ein Crossball wirkt auch hier wie ein gutgesetzter Schlag auf dem Feld. Sie müssen sprinten, um an den Ball heranzukommen.
Jene, die nur ein kleines Spielfeld vorfinden, können die Wand als Hilfsmittel nur im ersten Anfangsstadium benutzen. Für Kinder bleibt auch ein kleiner Raum vor der Trainingswand jahrelang ein glänzendes Betätigungsfeld. Zum Warmspielen eignet sich allerdings jede Spielmöglichkeit.

## Die Ballwurfmaschine

Die Ballwurfmaschine ist wie die Trainingswand ein elegantes Hilfsmittel zur Steigerung der Leistung. Beide Erfindungen dienen sowohl dem Anfänger als auch dem Fortgeschrittenen. Es kommen immer wieder Tage und Stunden, wo Sie Lust zum Tennis verspüren, aber keinen Partner finden. Der Trainer verwendet die Ballwurfmaschine hauptsächlich im Gruppenunterricht mit Kindern oder Jugendlichen. Er tut es nicht aus Bequemlichkeit, sondern um die Schläge der Schüler aus unmittelbarer Nähe zu beobachten und zu korrigieren.
Innerhalb einer Minute stößt die Ballwurfmaschine zwischen 8 und 50 Bälle aus. Der Anfänger beginnt mit der geringsten Zahl. Die Gleichmäßigkeit der Bälle gibt vor allem den rückhandschwachen Spielern eine nicht zu unterschätzende Gelegenheit

zum produktiven Training. Wer acht oder zehn Bälle einwandfrei zurückschlägt, wählt den nächsten Schwierigkeitsgrad, nämlich das unregelmäßige Ausstoßen (Härte und Richtung) der Bälle. Jetzt ersetzt der Roboter einen Gegner, dessen Schläge ebenfalls niemand vorausahnt. Bewältigen Sie auch dieses Programm fehlerlos, schrauben Sie die Zahl der anfliegenden Bälle immer höher.

Wenn Sie 20 unregelmäßig anfliegende Bälle pro Minute schaffen, können Sie mit Ihrer Leistung zufrieden sein. Wer den Schmetterball schon etwas beherrscht, nimmt auch den Lob ins Programm auf. Gleichmäßig kommt zum Beispiel diese Reihenfolge: Vorhand cross, Rückhand entlang der Linie, Rückhand cross, Vorhand entlang der Linie, Stopball und Lob. Diese Schlagvariation wird viermal wiederholt. An den Fehlerquellen können Sie Ihr augenblickliches Leistungsniveau erkennen. Ihren spielerischen Höhepunkt erreichen Sie, wenn Sie die Bälle nicht nur planlos zurückschlagen, sondern sich vorher überlegen, wo der Ball aufspringen soll.

Auch einen Trainer-Engpaß lindert die Ballwurfmaschine. Bei einem Links-Rechts-Schema des Roboters beschäftigt ein Lehrer zwei Schüler gleichzeitig. Immerhin kommen pro Minute für jeden Trainierenden noch 25 Bälle. Auch wenn wir die Zeit für das Aufsammeln der Bälle einkalkulieren, bleiben genügend Schlagmöglichkeiten für beide Spieler übrig. Wollen Sie allerdings keine Minute verlieren, müssen Sie noch zwei Mitwirkende suchen. Zwei schlagen dann die ankommenden Bälle, zwei sammeln sie auf. Anschließend Wechsel. Nach einer Stunde wissen Sie, was Sie getan haben.

In der Bundesrepublik blieb die Ballwurfmaschine lange Zeit ein Fremdkörper. In Amerika und Australien gehört sie schon seit Jahrzehnten zum Ausbildungsweg eines jeden Schülers. Die Maschine soll den Tennislehrer weder ersetzen noch brotlos machen. Sie bleibt ein zusätzliches Hilfsmittel zum Erlernen des weißen Sports.

Abschließend noch ein Wort an die Eltern. Sorgsame wissenschaftliche Untersuchungen erbrachten das Ergebnis, daß Kinder im Alter von sechs bis zehn Jahren im Gruppenunterricht leichter lernen als in Einzelstunden. Ohne Ballwurfmaschine kann ein Trainer bei zehn Schülern aber keinen wirksamen Unterricht aufziehen. Mit dem Roboter gelingt es leicht. Schütteln Sie also über einen derartigen Gruppenunterricht nicht den Kopf. Der Trainer steht nah beim Übenden und erkennt sofort alle Fehler. Das allein zählt.

# Die wichtigsten Spielertypen

Tenniskämpfe werden von dem Spieler gewonnen, der den Ball am häufigsten im richtigen Augenblick an die richtige Stelle schlägt. Er kann dadurch unmittelbar einen Punkt gewinnen, aber meistens wird es so sein, daß er indirekt einen Punkt macht, weil dem Gegner beim Rückschlag ein Fehler unterlief. Nichts bringt einen Spieler mehr aus der Fassung als seine eigenen Fehler. Aus dieser Tatsache leitet sich die erste und wichtigste Hauptregel im Tennis ab: Halte den Ball im Spiel! Dieser Satz gilt für Spieler aller Klassen und Systeme.

Wimbledonsieger *William Tilden* (USA)

## Der Linkshänder

In manchen Sportarten erreichen die Linkshänder oft eine gefährliche Wirkung. Ein technisch versierter und links werfender Rechtsaußen im Handball bringt die gegnerische Abwehr genauso durcheinander wie ein Tischtennisspieler, der mit einem Rechtshänder ein harmonisches Doppel bildet. Wie sieht es aber im Tennis aus? Haben hier die Linkshänder mehr erreicht als in anderen Sportarten? Immerhin dauerte es einmal 40 Jahre (*Norman Brookes* 1914, *Jaroslav Drobny* 1954), ehe ein Linkshänder in Wimbledon triumphierte. In den nächsten 20 Jahren schrieben sich allerdings zwei Spieler dieser Kategorie gleich fünfmal ins Goldene Buch der Sieger ein: Die beiden Australier *Neale Fraser* (1960) und *Rod Laver* (1961/62 und 1968/69). Nach fünf Jahren kam dann *Jim Connors* (USA).
Mit der enormen Ausweitung des Tennissports stieg natürlich auch die Anzahl der Linkshänder. Für viele bedeutete dies eine

unerfreuliche Nachricht. Auch dem perfektesten Spieler macht es etwas aus, ob er gegen einen Links- oder einen Rechtshänder antreten muß. In den unteren Klassen ist die Furcht vor einem Linkshänder größer. Alle sind technisch begabter als gleichstarke Rechtshänder. Dieser Vorteil macht sich vor allem beim Aufschlag bemerkbar. Die Linkshänder besitzen das nötige Talent für angeschnittene Bälle, die selbstverständlich in entgegengesetzter Richtung wegspringen.

Twist-Aufschläge der Linkshänder degradieren auf Rasen, Zement oder Holz selbst gute Spieler zu Statisten. Dagegen hilft nur eine Maßnahme: Versuchen Sie ohne Hektik, die richtige Antwort zu finden. Manche Spieler hören mit dem Experimentieren überhaupt nicht auf. Darauf warten die Linkshänder. Gehen Sie zunächst näher an den Ball heran. Achten Sie dabei auf eine ganz besonders sorgfältige Fußstellung und Schlägerführung. Meistens bedeutet auf der Rückhandseite ein Slice, etwas höher als sonst angesetzt, die beste Waffe. Auf der Vorhandseite sollten Sie den Ball mit etwas nach vorn gesenktem Schlägerkopf schlagen, um den gegnerischen Drall aufzufangen. Erstaunlicherweise verfügen die Linkshänder über einen schwachen Rückhandschlag, auch in der Weltklasse. Der erste Wimbledonsieger, der diesen Schlag dank einer ungewöhnlich harten Trainingsweise bis zur absoluten Meisterschaft ausbildete, hieß *Rod Laver.* Trotzdem können die Rechtshänder diesen Vorteil niemals hundertprozentig ausnutzen. Sie müssen den Rückhandball stets entlang der Linie und den Vorhandball immer cross schlagen. Hektik schleicht sich ein und hastige Schläge gehen auf Kosten der Sicherheit und Genauigkeit. Rechtshänder besitzen eine fast panische Angst vor den oft überrissenen Vorhandbällen des Linkshänders. Damit wissen sie nichts anzufangen. Obendrein decken die Linkshänder den Platz zu drei Vierteln mit der Vorhand.

Greifen Sie den Linkshänder auf der Rückhandseite ohne Hast an. Ihr Angriffsball muß lang und genau in der Ecke sitzen, sonst steht der Linkshänder mit seiner »Vorhandpatsche« da und knallt Ihnen den Ball entlang der Linie in die Ecke. In bedrängter Situation antwortet er auf der Vorhandseite stets mit einem überrissenen Lob.

Für den Linkshänder gibt es nur eine Strafe: Wenn er selbst

auf einen Kollegen der »linken Hand« trifft. Dann ist für ihn die Welt nicht mehr in Ordnung. Derartige Kämpfe, selbst in der Weltklasse, bieten reichlich Gelegenheit zu kuriosen Ballwechseln. Das Kapitel der Linkshänder erinnert jedoch an die Mahnung der Trainer zu versuchen, sich mit allen Spielsystemen auseinanderzusetzen.

Als ein ganz besonderer »Spezi« entpuppt sich der Linkshänder im Doppel. Er verdirbt den Spielrhythmus und macht unsichere Spieler nervös. Weltbekannte Kombinationen wie *Laver/Emerson, Newcombe/Roche, Fleming/McEnroe* und auch die Zufallspaarung *Nastase/Connors* (Wimbledonsieger 1973) erzielten spektakuläre Erfolge. Um ein Match zu gewinnen, muß ein Paar wenigstens einmal den gegnerischen Aufschlag gewinnen. Gegen den Linkshänder mißlingt das Vorhaben. Deshalb konzentrieren sich die Gegner auf seinen Partner. Schlägt dieser ebenfalls – gemessen an seiner Spielstärke – gut auf, wird die Unruhe immer größer. Deshalb keine Resignation vor dem Linkshänder zeigen! Versuchen Sie sein Selbstbewußtsein zu zerstören, indem Sie gegen ihn mit größter Konzentration ans Werk gehen. Denken Sie an den Lob, der gerade im Doppel und vor allem bei einem Linkshänder-Aufschlag eine maßgerechte Antwort bedeutet.

Die Quintessenz: Linkshänder waren und sind ein gefährlicher Gegner. Wer sie aber studiert, gewinnt an Erfahrung. Gehen Sie deshalb im Training einem Linkshänder nicht aus dem Weg. Lernen Sie, mit seinem Rhythmus (schneller Vorhand, langsamer Rückhand) fertig zu werden. Denken Sie an die lange Führung des Schlägers, wenn Sie auf seine angeschnittenen Schläge mit einem klaren Rückhandball antworten.

Jetzt noch ein Wort an die Linkshänder selbst. Ihre Achillesferse liegt, wie bereits angedeutet, im angeschnittenen, langsamen Rückhandball. Ausnahmen bestätigen nur die Regel. Lernen Sie also den Rückhandball entlang der Linie. Ihr Gegner wird kaum versuchen, diesen Ball dreimal gerade zurückzuschlagen. Oft besteht die Absicht dazu, aber der Ball mißlingt. Entweder fliegt er dann ins Aus oder in die Platzmitte, so daß Sie wieder in vorteilhafte Vorhandstellung kommen.

Anders verhält es sich, wenn Sie gegen einen Linkshänder antreten müssen. Jetzt brauchen Sie den Vorhandball entlang der

Linie. Dieser wird wenig trainiert, weil der überrissene Schlag gegen Rechtshänder nur als Crossball lohnenswert erscheint. Obendrein empfiehlt es sich, den Vorhandball entlang der Linie ohne Schnitt zu schlagen, um mehr Schnelligkeit zu erhalten, vor allem dann, wenn Sie den Gegner mit einem Crossball weit aus dem Feld treiben.

Dieses Linkshänder-System zehrt an den Nerven und an der Substanz. Die Rechtshänder sind meistens in der Verteidigung, auch wenn der Linkshänder nicht zu den typischen Angreifern zählt. Aber seine technische Variation, angefangen mit dem listigen Aufschlag, zwingt die Gegner zu erhöhter Wachsamkeit und Konzentration. Nutzen Sie als Linkshänder diese Situation durch ständige Netzangriffe aus. Die Returns Ihres Gegners werden selten flach über das Netz kommen. Wenn Sie schnell vorlaufen, können Sie die Bälle leicht wegdrücken. Servieren Sie Ihrem Gegner auf die Rückhandseite, so kommen sicherlich acht von zehn Bällen cross, also auf Ihre Vorhandseite. Die Angst, einen Twistaufschlag auf der linken Platzhälfte entlang der Linie zurückzuschlagen, hemmt jede Variation. Für den Linkshänder kann Angriff die beste Verteidigung sein.

Erstaunlicherweise beherrschen die Linkshänder im Training sowohl den glatten als auch den angeschnittenen Rückhandball. Auch im ernsten Kampf wenden sie beide an, solange sie in Führung liegen. Steht die Begegnung aber auf des Messers Schneide, schon ziehen es die Linkshänder vor, nur den angeschnittenen Rückhandball anzuwenden. Viele versuchten, dieses Phänomen zu erklären, aber vergeblich. Die Linkshänder selbst wissen auch keine eindeutige Antwort. Vielleicht hängt es mit dem Schlagrhythmus zusammen. Der angeschnittene Ball erlaubt eine Schlagstellung in letzter Sekunde. Der klare Rückhandball muß frühzeitig vorbereitet werden.

Kontrollieren Sie sich im Training und im Match. Vielleicht finden Sie selbst heraus, woran es liegt. Kennen Sie dieses Problem nicht, sind Sie zu beneiden.

## Der Flugball-Stratege

In der Bundesrepublik, beim Tennis auf Asche oder auf langsamen Hartplätzen, ist der Flugball-Stratege ein keineswegs weit verbreiteter Spielertyp. Mit Technik allein entwickelt sich niemand zum Volleykünstler. Selbstvertrauen, Stellungsspiel und leichte Fußarbeit gehören dazu. Wer glaubt, diese drei Komponenten zu besitzen, sollte danach handeln und sich so oft wie möglich von der Grundlinie lösen. Die meisten Spieler wollen aus der Situation heraus handeln. Das schaffen aber nur die Allroundkönner. Wer im Tennis Offensivgeist beweisen will, muß sich schon vor dem Match darauf einstellen. Die Grundregel lautet: Laufe nach jedem zu kurzen Return Deines Gegners an das Netz!

Das Auftauchen am Netz bringt Unruhe ins Spiel. Nur wenige verstehen es, beim Passierball nicht auf den Gegner zu schauen. Die Schläge landen dann überall – nur nicht da, wohin man sie gern haben möchte. Der größte Fehler derjenigen, die gern offensiv spielen, dazu aber nicht in der Lage sind, besteht im Beharrungsvermögen nach dem ersten Flugball. Der Volley wird auf der Aufschlaglinie geschlagen, und der Angreifer erwartet auch in dieser Position den nächsten Passierball, anstatt weiter vorzurücken, bis etwa einen Meter vor das Netz. Diese beiden Stellungen müssen – wie schon beim Volleytraining beschrieben – immer wieder geübt werden. Aber wo geschieht dies?

Der Flugball-Stratege strahlt ein ungeheures Selbstvertrauen aus. Diese Charaktereigenschaft ist das A und O eines Offensivkünstlers. Im Training beherrschen viele den Flugball, im Match nur wenige. Der Grund: Steigende Nervosität. Aber woher kommt die Unruhe? Meistens aus der Erkenntnis, daß die Flugballtechnik Fehler aufweist, angefangen vom Stehenbleiben nach dem ersten Volley bis zum lockeren Handgelenk. Ein Flugballkünstler baut auf die Hektik des defensiven Gegners. Der in die Verteidigung gedrängte Spieler versucht mit allen Mitteln, mit seinen Bällen durchzukommen. Scheitern alle Möglichkeiten, erhöht er die Schnelligkeit und Härte der Schläge. Darunter leidet selbstverständlich die Genauigkeit. Darauf wollten die Angreifer aber hinaus. Am gefährlichsten sind jene Typen, die einen langen Volley in die Ecken des Gegners setzen und über Kopf keine Unsicherheit erkennen lassen. Was soll der Verteidiger dann unternehmen?

Perfekte Angreifer bleiben stets erfolgreich. Unter »Perfektion« verstehe ich auch eine Portion Klugheit. Viele wollen bereits mit dem ersten Flugball einen Punkt gewinnen. Das geht öfters schief. Ein schlauer Volleykünstler weiß genau, was er tun muß. Er besitzt Geduld, Ausdauer und vor allem ein Gespür für die Pläne des Gegners. Bringen Sie deshalb Ihren Widersacher zunächst in eine unangenehme Situation. Wird er zu einem hastigen Schlag gezwungen, bleibt ihm erstens wenig Zeit zum Überlegen und zweitens auch keine Möglichkeit, genaue Passierbälle anzubringen. Achten Sie auf die Länge Ihrer Flugbälle. Der härteste Ball nutzt wenig, wenn er nicht weit genug fliegt. Der Gegner erreicht ihn oft ohne Schwierigkeiten und schiebt ihn mühelos in eine unerreichbare Ecke.

Flugball-Strategen werden in ihrer Schläue oft unterschätzt. Manches, was verhältnismäßig langsam oder auch naiv aussieht, kann die Vorbereitung zu einem tödlichen Flugball sein. Je mehr nämlich ein Verteidigungskünstler läuft, desto besser kommt er in Form und vor allem in seinen Laufrhythmus. »Er spielte im Trance-Zustand«, heißt es dann in der Zeitung. Deshalb versuchen kluge Angreifer, den Ball zweimal in die gleiche Ecke zu setzen.

Haben Sie es ebenfalls mit einem Offensiv-Gegner zu tun, entscheidet die Güte der Grundschläge. Setzen Sie einem Angreifer von großer Statur die Bälle direkt vor die Füße. Das bereitet Ihrem Gegner allerhand Schwierigkeiten. Oft kommt nur ein harmloser Volley oder Halbflugball zurück, den Sie leicht zu einem direkten Punkt verwandeln können. Schauen Sie beim Schlagen nur auf den Ball. Greift Ihr Gegner von der linken Seite (mit einem Cross-Rückhand) an, wählen Sie einen Passierball entlang der Linie. Die gleiche Situation auf der anderen Seite. Kurze Cross-Bälle als Verteidigungs-Antwort sind nur dann angebracht, wenn der Gegner nicht nah genug ans Netz vorrückt.

Wechseln Sie zwischen Lob und Passierball. Nichts ist schlimmer, als wenn der Netzspieler schon im voraus Ihre Einseitigkeit kennt. Trainieren Sie vor allem den Vorhandschlag entlang der Linie. Wer ihn beherrscht, braucht nicht zu denken, sondern nur zu schlagen. Versuchen Sie, als Angreifer alle Lobs zu schmettern, auch wenn ein Schlag einmal mißlingt. Lassen Sie die Bälle aufspringen, verlieren Sie Zeit und vergeuden Kraft. Es lohnt sich, bei jeder sich bietenden Gelegenheit die Australier anzuschauen. Sie schmettern aus jeder Lage gleich gut. Warum? Weil ihnen bereits als Kinder keine andere Wahl blieb als nach jedem Lob zu springen, denn auf Rasen ist ein Lob weitaus schwieriger zu erlaufen als auf Asche.

Sie spielen wahrscheinlich niemals auf Gras, aber das Fernsehen bringt Ihnen Rasentennis ins Haus. Hier triumphiert nur das Angriffsspiel, weil die Bälle schnell und flach abspringen, dadurch nochmals beschleunigt werden und dem Grundlinienspieler nur wenig Chancen zu einem erfolgreichen Passierball lassen. Die Amerikaner und Australier stehen oft elf Monate im Jahr unter diesem Angriffs-Streß. Drei Stunden lang nach jedem Aufschlag ans Netz zu rennen, zehrt mehr an der körperlichen Substanz als Grundlinienduelle auf Asche, wo ein cleverer Spieler das Tempo verringern und sich ausruhen kann. Bei den Europäern ist es genau umgekehrt. Sie spielen nur wenig auf Rasen. Die Spieler beherrschen die Technik, aber nicht das totale Angriffstennis. Darum die wenigen Erfolge in Wimbledon.

Für einen Volley-Künstler gibt es keine ängstlichen Situationen. Ob 30:0 oder 30:40 – er riskiert stets seinen besten Ball. Er kennt die Weisheit, daß Fehler zum Tennis gehören. Er überbrückt Schwächemomente durch ein fast provozierendes Selbstvertrauen. Deshalb gelingen ihm nach zwei Fehlern oft vier tolle Schläge. Der Gegner verzweifelt, und schnell liegt der Angreifer wieder vorn.

## Der Defensiv-Künstler

90 Prozent aller Tennisspieler fühlen sich auf der Grundlinie am wohlsten. Sie trachten danach, den Ball einmal mehr als ihr Gegner über das Netz zu schlagen. Viele sind für das Flugballspiel natürlich ungeeignet. Selbst wenn sie durch einen Stop ans Netz geholt werden, laufen sie nach dem Rückschlag sofort wieder zurück. Die sogenannte »Gummiwand« verbreitet nur Schrekken. Einmal durch die fast traumhaft sicheren Grundschläge, zum

anderen durch die oft mit Drahtseilen verglichene Nervenstärke. Den Defensiv-Künstler erschüttert praktisch nichts. Er nimmt es in Kauf, ironisch als »Schupfer, Löffler oder Einwerfer« apostrophiert zu werden. Er wetzt mit chinesischer Geduld die Grundlinie entlang und wartet auf unüberlegte Angriffe seines Gegners. Sein Schlagrepertoire wurde im Laufe der Zeit variabel, vielleicht sogar listig. Gefährlich sind jene, die den Flugball halbwegs beherrschen. Erscheinen sie einmal am Netz, bringt der Angreifer vor lauter Aufregung keinen vernünftigen Passierball zustande. Selbst Davispokalspieler bilden keine Ausnahme.

Kein Spielertyp ist so verschiedenartig wie der Verteidigungsstratege. Die Täuschung beginnt schon beim Einschlagen vor dem Kampf. Jetzt demonstriert er harte Bälle, um dann, nach dem ersten Aufschlag, auf die weiche Welle umzuschalten. Das Sicherheitssystem dieser Spieler funktioniert allerdings unterschiedlich. Manche erreichen schon von Anbeginn ihren höchsten Leistungsgrad, manche brauchen eineinhalb Sätze, um in Schwung und Laune zu gelangen.

Technik und Taktik kennen keine Klassenunterschiede. Was ein Angriffsspieler der Weltklasse unternimmt, um eine »Gummiwand« zu besiegen, gilt auch für den erstmals turnierspielenden Anfänger. Das erste Gebot lautet dementsprechend: Hole den Defensiv-Künstler durch kurze Crossbälle oder Stops aus seiner Grundlinienposition heraus! Zwingen Sie ihn, rückwärts zu laufen, weil Sie sofort wieder einen langen Ball präsentieren. Wer nur stereotyp links und rechts in die Ecken schlägt, bringt den Gegner schnell in sein ureigenstes Element. Zweites Gebot: Fehlt Ihnen das Selbstvertrauen zum Flugball, bleibt Ihnen nur das »Kurz-Lang-Spiel« übrig. Präsentieren Sie die Stops aber nur dann, wenn Sie Zeit dazu haben. Erreicht der Gegner den Ball nur mühsam und schlägt ihn schwach zurück, bieten sich Ihnen sofort zwei Möglichkeiten zum Kontern, nämlich ein Passierball oder ein Lob. Drittes Gebot: Verfügen Sie über einen guten Schmetterball, können Sie Ihren Gegner natürlich auch mit einem hohen Ball angreifen. Dieser Schlag wird als Überrumplungsschachzug viel zu wenig angewendet. Dem Gegner, der diesen Ball dann einen oder zwei Meter hinter der Grundlinie schlagen muß, bleibt dann nichts anderes als ein Lob übrig.

Diese taktischen Raffinessen gelingen natürlich nur bei ruhiger

Spielweise und der Erkenntnis, daß Fehler zum Spiel gehören. Ein Fehlschlag bei 30:15 ist kein Grund, um den Rhythmus zu wechseln. Der Defensiv-Stratege spekuliert allerdings darauf. Sie sollen möglichst viel probieren und laufend Fehler begehen. Bleiben Sie deshalb bei Ihrer einmal eingeschlagenen Marschroute.

## Freud und Leid der Techniker

Erfahrungsgemäß kann man einem Techniker wenig Ratschläge geben. Überzeugen können ihn nur Beispiele. Ein Ausflug in die Tennisgeschichte erscheint deshalb notwendig. 1939 erblickten gleich vier Talente das Licht der Welt: *Wilhelm Bungert, Dieter Ecklebe, Christian Kuhnke* und *Wolfgang Stuck.* Jeder von ihnen holte sich bei den nationalen Meisterschaften in irgendeiner Konkurrenz einen Titel, jeder von ihnen spielte im Davispokal. Die beiden labilen Spieler, *Bungert* und *Kuhnke,* erreichten dank ihrer Technik die Weltklasse, die beiden anderen, die sich jeden Schlag durch fleißiges Training erarbeiteten, kamen über die europäische Elite nicht hinaus. Allerdings blieben ihnen auch die harten Kritiken, die *Bungert* und *Kuhnke* erhielten, stets erspart. In jedem Jahr folgte auf ein »Hosianna« stets ein noch lautstärkeres »Kreuzige ihn ...«

Als ein Reporter einmal den Italiener *Nicola Pietrangeli* nach einem regelrecht verschenkten Match fragte, ob es ihm eigentlich Spaß bereite, immer wieder schon sicher gewonnene Spiele doch noch zu verlieren, schaute der gute Nicola den Fragesteller nur entgeistert an und rezitierte: »Techniker sind da, um die Zuschauer zu erfreuen und nicht, um immer zu gewinnen.«

Techniker mit beständigen Leistungen waren zu allen Zeiten äußerst rar: Auf die heutige Zeit, in der Kampfmaschinen und Tennisroboter immer mehr die Oberhand gewinnen, trifft dies besonders zu. Rühmliche Ausnahmen bildeten in dieser Hinsicht vielleicht der Spanier *Manuel Orantes* und der Rumäne *Ilie Nastase,* die sich über einen längeren Zeitraum hinweg durchgehend in der Weltspitze halten konnten. Per Saldo mußten aber auch sie gegen das kraftvolle Tennis eines *Borg,* eines *Connors* oder eines *McEnroe* kapitulieren. Einen noch schwereren Stand hatte

stets der Italiener *Adriano Panatta*, ein eleganter Supertechniker vom Scheitel bis zur Sohle, aber auch sensibel wie ein feinsinniger Poet. An guten Tagen war *Panatta* in der Lage, jeden zu besiegen. Im Normalfall aber war er gegen die brutale Spielweise der Spitzenklasse ohne Chance.
Die weitverbreitete Auffassung, daß Balltalent plus Technik den perfekten Spieler ergeben, trifft – wie die Erfahrung lehrt – nicht zu. Zu häufig schon hat sich überragende Technik, so schön sie fürs Auge anzusehen sein mag, als brotlose Kunst erwiesen. Ausgesprochene Balltalente hingegen sind durchaus fähig, auch ohne ausgefeilte Technik ihren Weg zu gehen. *Björn Borg* und *John McEnroe* bestätigen dies eindrucksvoll. Ihre kräftigen Schläge resultieren aus dem idealen Zusammenspiel von Schwung und Treffen des Balles am günstigsten Punkt seiner Flugkurve. Sogenannte Naturtalente haben ein ausgeprägtes Gefühl für den richtigen Schlag-Rhythmus, weniger veranlagte Menschen müssen sich solche Dinge mitunter hart erarbeiten; doch auf lange Sicht muß dies nicht unbedingt ein Nachteil sein. Für ausgesprochene Techniker gilt immer wieder: Keine Führung ist zu hoch, um sie nicht noch zu verlieren, und kein Rückstand zu groß, um ihn nicht wettzumachen. Damit müssen Sie leben, wenn Sie sich zu dieser Kategorie zählen.
Kein Techniker gleicht dem anderen, weil es in erster Linie darauf ankommt, was ein technisch versierter Spieler aus seinen zahlreich vorhandenen Mitteln macht. Diese Individualisten handeln intuitiv und vergessen alle vorher gehörten und vor allem gutgemeinten Ratschläge. Andererseits kann man jedem, der gegen einen Techniker antritt, nur zu einer konstanten Leistung raten. Wer sich bereits zu Spielbeginn durch phantastische Schläge einschüchtern läßt, besitzt wenig Chancen zu einem Sieg. Die Minuten der gegnerischen Überlegenheit müssen in den taktischen Plan aufgenommen werden. Der rote Faden reißt öfter als den Technikern lieb ist. Schauen Sie sich vor allem an, aus welcher Platzecke Ihr Gegner den Stopball am liebsten riskiert! Nur wenige beherrschen diesen Schlag sowohl mit der Vor- als auch mit der Rückhand. Lernen Sie, den Stopball auch kurz zurückzuschlagen. Das erwarten die wenigsten Techniker. Spielen Sie den Ball nämlich permanent lang zurück, kommt prompt ein Lob oder ein plazierter Passierball.

Wie am Beispiel des Italieners *Adriano Panatta* bereits angedeutet, gibt es Tage, an denen Sie gegen einen Techniker chancenlos auf dem Platz stehen. Solche Matches sollten Sie klaglos und ohne Selbstvorwürfe durchstehen. Versuchen Sie in derartigen Situationen nicht, mit Gewaltschlägen eine Wende herbeiführen zu wollen. Wer wütend auf die Bälle drischt, auch wenn sie noch so gut kommen, besiegt nur sich selbst, denn fehlerlos spielende Techniker machen sich das von Ihnen vorgelegte Tempo noch zunutze und gewinnen sogar an Überlegenheit. Besser wäre es, den Gegner in einem solchen Fall durch Tempowechsel aus dem Spielrhythmus zu bringen.

Andererseits können Techniker das ganze Unglück, wenn einmal nichts gelingt, augenfällig in sich hineinfressen. Dann haben Sie leichtes Spiel, wenn Sie ruhige, lange Bälle schlagen und Ihren Gegner experimentieren lassen. Es wäre dumm, jetzt selbst die Initiative zu ergreifen, wo Ihr Gegner mit sich und der Welt unzufrieden ist.

## Der Allround-Könner

Dieser Spielertyp zeichnet sich durch eine »passive Aktivität« aus. In diesem Wortspiel liegt nur scheinbar ein Widerspruch. Der Allround-Könner versucht in abwartender Position die Initiative seines Gegners zu übertrumpfen. Er schlägt keinen Ball planlos und trachtet stets danach, dem Gegner eine Falle zu stellen. Seine Gefährlichkeit wird meistens viel zu spät erkannt. Niemand traut ihm die perfekte Beherrschung aller Schläge zu. Nervtötend wirken sich erzwungene oder freiwillige Netzausflüge aus. Auch beim Volley zeigt er plötzlich seine Stärke. Er spielt niemals hart oder riskant. Sicherheit steht an erster Stelle.

Trotzdem wäre es falsch, ihn »Löffelbruder« zu nennen. Seine langen Grundlinienbälle kommen verhältnismäßig schnell, aber mit dem nötigen Sicherheitsabstand zum Netz. Wenn er mit einem Stop ans Netz geholt wird, spielt er den Ball sofort kurz zurück, falls sein Gegner auf der Grundlinie verharrt. Er macht meistens das Unerwartete (für den Gegner) oder das Logische (für ihn).

Kraftvolle Angriffsspieler wollen den Allround-Könner sofort

»abknallen«. Mit ihrem überfallartigen System erreichen sie aber nichts. Einmal im Rückstand, versuchen sie es mit den gegnerischen Mitteln: Sicherheit und kluge Taktik. Derjenige jedoch, der sich umstellen muß, spielt oft schlechter als jener, der sein eigenes Schema mit perfekter Sicherheit demonstriert.

Der Allround-Könner bereitet sich auf ein Match weitaus intensiver als alle anderen vor. Er weiß, was es heißt, vom ersten Ballwechsel an fit zu sein.

Wer sich mit diesem System identifiziert, sollte zuerst auf gleichmäßig gute Grundschläge achten. Dem Gegner muß das Vorrücken zum Netz Schwierigkeiten bereiten. Wagt er einen Ausflug nach einem schwachen Vorbereitungsball – schon holt er sich einen Minuspunkt. Der Allroundspieler beherrscht ja die gesamte Klaviatur erfolgreicher Passierschläge. Außerdem registriert er peinlich genau die Fehlerquellen und jene Situationen, bei denen sein Opponent am häufigsten stolpert. Unauffällig bietet er dem Gegner dann die verhängnisvollen Bälle an.

Der Allround-Könner wird auch in der Zukunft zu beachten sein, obwohl das moderne Tennis und die Lehrmethoden auf eine offensive, ja dynamische Spielweise hinzielen. Aber nicht alle gehen den Weg nach oben. Diejenigen, denen Tennis einfach nur die schönste Nebensache der Welt ist, werden sich freuen, daß sie alle Schläge beherrschen, um in ihrer Klasse siegreich zu bleiben.

Dank seiner Technik schlägt der Allroundspieler sowohl überrissene als auch klare Bälle, kann schnell oder langsam operieren. Somit besitzt er das Rezept, um einen Gegner aus dem Schlagrhythmus zu bringen. Ein Tempowechsel ist für alle unangenehm.

Die nun folgende Aufbauphase verlangt erhöhte Konzentration. Streut der Gegner hohe Bälle ein, nehmen Sie den Ball frühzeitig, noch im aufsteigenden Ast. Wer ihn zu tief fallen läßt, erreicht nichts. Bekanntlich kommt ein schnell geschlagener Ball auch rascher und niedriger auf Sie zu. Wollen Sie einen langsamen Ball mit hoher Flugbahn in Netzhöhe schlagen, müssen Sie ihm entgegenlaufen. Diese einfachste aller Regeln mißachten viele.

Sehen wir einmal vom Linkshänder ab, so offerieren die Allround-Könner auch die verschiedenartigsten Aufschläge. Zur Erinnerung: Der Aufschlag ist der einzige Ball, auf den der Gegner keinen Einfluß besitzt. Trotzdem verzichten 80 Prozent der

Aktiven, aus dieser Möglichkeit Vorteile zu ziehen. Der harte Ball, der sogenannte »Kanonenball-Aufschlag«, spielt bei dieser Betrachtung noch nicht einmal eine entscheidende Rolle. Wer in der Woche nur zwei Stunden für Tennis abzweigt, kann sich nicht sechzig Minuten dem Service widmen. Kein Schlag erfordert nämlich mehr Training als der gezielte erste und vor allem harte Aufschlag. Sie können den Ball aber variieren, mal auf die Vorhand, mal auf die Rückhand, ihm einmal mehr, einmal weniger Schnitt geben. Auch ein auf den Körper des Gegners geschlagener Aufschlag bringt Erfolg.

Diese Raffinessen gehören zum Schlagrepertoire eines Allroundspielers. Er sieht mit seinen Augen mehr als viele andere und zieht aus seinen Erkenntnissen den größtmöglichen Effekt. Erkannte Schwächen beim Gegner nutzt er optimal aus. Auch verhältnismäßig lange Ballwechsel gehören zu seinen listigen Plänen. Damit will er die Kondition des Gegners prüfen und vor allem auch schwächen, den ungeduldigen Spieler zu überhasteten Schlägen zwingen und seine Konzentration beeinflussen. Der Allround-Könner meidet jeden spektakulären Ball. Er sieht die freie Ecke und spielt den Ball ruhig dorthin. Auch beim Smash bevorzugt er einen gezielten Schlag aus dem Platz heraus. Härte liegt ihm einfach nicht.

Das Fazit: Allround-Könner sind schwierig, zumal sie jede Gelegenheit wahrnehmen, ihre Gegner schon vorher zu studieren. Große Chancen bietet tatsächlich nur ein wohldosiertes Angriffsspiel, vorausgesetzt, Sie beherrschen den Flugball. Unter Umständen sollten Sie nach einem gewonnenen Satz und nach einem schnellen Rückstand im zweiten Satz diesen laufen lassen, um sich abzureagieren. Verschleiern Sie aber Ihre Absicht. Ihr Gegner muß weiterhin an eine große Anstrengung glauben. In Wirklichkeit »tanken« Sie aber nur auf, während Ihr Gegner an Substanz verliert.

Oft spielt ein Allround-Könner auch mit Ihrer Kraft. Greifen Sie deshalb nicht mit schnellen, aber unplazierten Bällen an, sondern mit langsamen, gut gesetzten und vor allem langen Schlägen. Bälle, die einen Meter hinter der Grundlinie zurückgeschlagen werden müssen, fliegen länger und können besser beobachtet werden.

Lassen Sie Ihren Gegner nicht immer von rechts nach links, von links nach rechts, sondern auch von hinten nach vorn und zurück laufen. Lernen Sie vor allem den Rückhandball entlang der Linie. Er wirkt Wunder, wenn er genau ankommt. Aus Sicherheitsgründen schlägt jeder nur cross. Das können Sie überall beobachten. Der Allround-Könner weiß es natürlich. Also macht er viermal das Cross-Duell mit, um dann entlang der Linie zu spielen. Die Überraschung ist vollkommen.

## Der Angstgegner

Diesen Spielertyp werden Sie in keinem Lehrbuch finden. Er ist für die Theoretiker nicht existent, für den Aktiven jedoch lauert er auf jedem Platz. Auch andere Sportarten kennen diesen Begriff. Was stempelt einen technisch oft unterlegenen Spieler zum Angstgegner? Es sind sowohl die Schläge als auch die Taktik, die dem Favoriten nicht behagen. Manche kommen mit den angeschnittenen Bällen nicht zurecht, viele verzweifeln an der hohen oder zu weichen Spielart. »Gegen *den* kann ich einfach nicht gewinnen!« Wie oft wurde dieser Satz schon ausgesprochen.
Unter Weltklassespielern ist dieses Phänomen zwar seltener zu beobachten, aber keineswegs vollständig auszuschließen. So hatte der Argentinier *Guillermo Vilas*, einer der Topstars der Branche, stets seine liebe Mühe mit dem eigenwilligen Engländer *Christopher »Buster« Mottram*, der in der Weltrangliste einige Etagen niedriger angesiedelt war. *Mottram* kam bei diesen Duellen vor allem sein Starrsinn zugute, der ihn eine höchst unpopuläre Taktik förmlich bis zum Exzeß durchhalten ließ. Der Engländer war sich nicht zu schade, nahezu ein ganzes Match lang immerzu nur Lobs zu spielen – auch wenn *Vilas* an der Grundlinie verharrte – und seinen Kontrahenten mit dieser einschläfernden Methode förmlich zur Verzweiflung zu bringen.
Wenn ein Freizeitsportler nur auf Stadt- oder Kreisebene antritt, trifft er häufiger auf jenen Gegner, der ihn zur Verzweiflung bringen kann. Spieler, die sich in der Rangliste hochfordern wollen, stolpern oft über dieses Hindernis. Da hilft nur ein Rezept: Suchen Sie sich zum Training einen Partner mit ähnlicher Spielweise wie Ihr Angstgegner. Lassen Sie sich von einem erfahrenen Klubmitglied den Matchaufbau erklären.

Entscheidend bleibt natürlich die Stärke der Nerven. Was nützt die richtige Marschroute, wenn die Nerven bei den ersten Fehlschlägen ins Flattern geraten. Glauben Sie fest an Ihr Können. Reden Sie sich nicht ein, daß Sie unglücklich spielen. Sie müssen eben nur die gleiche Konzentration wie Ihr Gegner aufbringen. Dann klappt es schon.

# Das erste Klubturnier

## Die Tage vor dem Turnier

Der langersehnte Tag ist nahe: Ihr erstes Klubturnier steht unmittelbar bevor. Eine gewisse Nervosität macht sich breit. Sie zu verdrängen, sollte die erste Aufgabe sein. Aber wie? Mit intensiverem Training? Nein, das wäre falsch. Die erste Regel lautet: Fülle die Stunden vor einem Turnier wie bisher aus. Wer bis kurz vor dem Kampf etwas nicht ge- oder erlernt hat, lernt es auch jetzt nicht. Eine ähnliche Situation wie in der Schule vor einer Klassenarbeit oder Prüfung. Die Engländer besitzen für den erstrebten Zustand vor einem Kampf ein wundervolles Wort: Du sollst »relaxed« (locker) sein! Unternimm deshalb alles, was Dich entspannt, was Dich vor allem vom Tennissport ablenkt. Nichts ist schlimmer, als verkrampft in eine Begegnung zu gehen.

Wer zehn Zigaretten pro Tag raucht, sollte die Anzahl plötzlich nicht verringern. Selbst die Alkoholmenge kann gleichbleiben. Wer irgendeine Gewohnheit durch Einschränkungen stoppt, wirkt nicht gelöster, sondern nervöser. Das bezieht sich auch auf die Nachtruhe.

Größere Aufmerksamkeit als bisher gilt nur der Kleidung und dem Schläger. Wie oft reißt vor oder im Match ein Schnürsenkel, nur weil sich keiner vorher über die Güte des Materials überzeugte? Wie viele Saiten gehen entzwei, nur weil manche zu bequem waren, den Schläger rechtzeitig wegzubringen? Läßt es sich irgendwie einrichten, kaufen Sie sich zwei Schläger. Einmal können Sie bei einem Defekt beruhigt zum Reserveschläger greifen, zum anderen erhalten Sie die Möglichkeit, die Schläger unterschiedlich bespannen zu lassen. Bei heißer und trockener Witterung, wenn die Bälle hoch springen und schneller fliegen, benötigen Sie eine harte Bespannung. Ein Spiel in der Mittagshitze bringt viele zur Verzweiflung. Nicht wegen des verlorenen Schweißes, sondern wegen der vielen Fehler. »Ich habe den Ball nur angetickt und trotzdem flog er weit ins Aus!« Wer kennt diesen Ausruf nicht? Deshalb ist eine harte Bespannung vorteilhafter. Sie wirkt nicht so elastisch. Bei Feuchtigkeit und Kühle werden die Bälle immer schwerer und grauer, also ist eine weiche Bespannung mit mehr Elastizität zu empfehlen. Jetzt klagen die Spieler über das andere Extrem: »Ich dresche wie ein Verrückter auf den Ball, und er fliegt doch nur bis zur gegnerischen Aufschlaglinie.«

Noch ein Tip wäre wichtig. Ob Sie auf öffentlichen Plätzen oder im Klub spielen, meistens können Sie nur eine Stunde aktiv sein. Arrangieren Sie es – und wenn es sein muß – mit List und Tücke, daß Sie einmal 90 Minuten hintereinander trainieren können. Warum? Weil Sie ja nicht die Länge ihrer ersten Begegnung kennen! Zwar wird jetzt vorwiegend der »Tie-Break« ausgetragen, aber drei Sätze dauern immer noch eineinhalb Stunden, zumal in unteren Klassen die Ausgeglichenheit der Gegner und somit auch längere Ballwechsel stärker ausgeprägt sind. Sie müssen sich ja einmal testen, wie Sie 90 Minuten durchstehen. Es wäre doch schade, nur zu verlieren, weil die Kondition und damit auch die Konzentration fehlt. Wenn man nie versucht hat, sich drei Sätze lang bei bester körperlicher Verfassung hundertprozentig zu konzentrieren, wird es im Ernstfall sicherlich schiefgehen. Das wollen Sie doch nicht? Sie dürfen nicht die Dinge an sich herankommen lassen, sondern selbst die Initiative ergreifen.

## Das Spiel ist erst mit dem letzten Ballwechsel aus

Bestimmte Regeln lassen sich nur durch Beispiele beim Lernwilligen verankern. Dazu gehört die Erkenntnis, daß ein Spiel erst dann vorüber ist, wenn es der Schiedsrichter auch sagt. Im Tennis kann niemand Zeit schinden wie im Fußball. Selbst bei einer 6:0-, 5:0- und 40:0-Führung stehen dem Gegner noch alle Möglichkeiten offen. Diese Tatsache wurde selbst von Weltklassespielern in der nun schon über 100jährigen Tennisgeschichte ignoriert.

Leidtragende sind dabei vor allem die Reporter. In dem Glauben, daß das Match kurz vor der Entscheidung stehe, formulieren sie bereits ihre Berichte oder hasten gar schon zum Telefon. Und dann müssen sie erschrocken feststellen, daß die Begegnung noch einmal eine Wende erfahren hat. Um das ganze Ausmaß solcher Tennis-Dramen demonstrieren zu können, erscheint ein Ausflug in jene Zeit, in der es den spielverkürzenden »Tie-Break« noch nicht gab, an dieser Stelle durchaus angebracht:

*Ann Jones-Haydon,* die englische Wimbledonsiegerin, führte gegen die zweimalige Finalistin *Darlene Hard* (USA) 6:1 und 4:1, als die britischen Journalisten den Platz verließen. In Paris schimpften die Journalisten auf den sonst so großartigen Kämpfer und Landsmann *Robert Haillet,* als er müde und deprimiert im fünften Satz gegen den Amerikaner *Budge Patty* in einen 0:5-Rückstand hineinschlidderte. In beiden Fällen zerrissen die Presseleute ihre Manuskripte, um neu anzufangen und ein Loblied auf *Darlene Hard* sowie *Robert Haillet* zu singen, die ihre Kämpfe aus fast aussichtslosem Stand doch noch gewannen.

Die beiden italienischen Techniker *Orlando Sirola* und *Nicola Pietrangeli* schafften es, in Wimbledon und kurz vor dem Endspiel eine 16:14-, 6:4- und 40:0-Führung plus eigenem Aufschlag und auf Rasen gegen die Amerikaner *Tony Trabert/Vic Seixas* noch zu verspielen. In Hamburg führte der Belgier *Jackie Brichant* in der Schlußrunde gegen den Schweden *Sven Davidson* im fünften Satz mit 5:4 und 40:0 plus eigenem Aufschlag und verlor dennoch.

Die Beispiele ließen sich endlos fortsetzen bis in die jüngste Vergangenheit. Obwohl die Spieler die Tennisstrategie kennen, immer wieder von Beispielen erzählen, wo einer nach einer hohen Führung doch noch unterlag, handeln sie doch leichtsinnig. Selbst der schon legendäre Amerikaner *William Tilden,* sicherlich einer der besten Spieler aller Zeiten, unterlag 1927 nach einer 6:2-, 6:4- und 5:1-Führung dem Franzosen *René Lacoste* in der Vorschlußrunde zu Wimbledon.

Auch wenn die Geschichte um diese schon historische Begegnung ein Märchen sein könnte, ein Körnchen Wahrheit enthält sie doch. Angeblich wollte der stets eitle Tilden den Kampf hinauszögern, weil er die Ankunft des englischen Königs erwartete. Nichts ist aber gefährlicher, als bei einer hohen Führung dem

Gegner wieder eine Chance zum »Comeback« zu geben. Büßt der Führende an Überlegenheit ein, gerät er prompt in eine Schwächeperiode, aus der er sich kaum befreien kann.
Die zweite Todsünde auf dem Tennisplatz ist das Unterschätzen des Gegners. Die Favoriten sehen einen keuchenden Gegner, der sich viele Kunstpausen gönnt und sagen sich innerlich: »Jetzt ist er fertig, jetzt habe ich es geschafft!« Sie lassen in der Konzentration nach, streuen ein paar Kunstbälle ein, um die Zuschauer zu erfreuen und den Gegner zu deprimieren, verhaspeln sich und ehe sich der vermeintliche Sieger über die Folgen im klaren ist, liegt er schon auf der Verliererstraße.
Deshalb soll man auch im Training und gegen einen schwächeren Gegner voll durchspielen. Gerade die letzten Punkte verlangen die höchste Konzentration. Wenn es nicht so schwierig wäre, hätte die Tennisgeschichte kaum diese Tragödien auf den Plätzen aller fünf Kontinente erlebt.

## Der Matchball

Ob bei einem kleinsten Provinzturnier oder bei einer großen Meisterschaft – immer erscheint neben den Zuschauern, Spielern, Balljungen, Schieds- und Linienrichtern auch seine »Majestät, der Matchball«. Seit 100 Jahren hält er die Tenniswelt in Atem. Nervliche Zusammenbrüche, Schreie und Tränen auf der einen, Freudensprünge, Jubel und Lachen auf der anderen Seite sind seine tragischen oder faszinierenden Hinterlassenschaften. Woher nimmt dieser Ball eigentlich seine ewig gleichbleibende Anziehungskraft, die oft hypnotisierende Gewalt über Spieler und Zuschauer? Vielleicht, weil er nie angekündigt, vom Schiedsrichter nie ausgesprochen wird! Im Boxen, bei Laufwettbewerben oder bei Auto- und Radrennen werden die letzten Runden eingeläutet oder angezeigt. Der Aktive sieht das Ende unabänderlich vor sich. Im Tennis ist das anders. Niemand kennt die Uhrzeit, niemand den Schluß des Kampfes.
Wird bei einem erregenden Fußballkampf in letzter Minute ein Elfmeter vergeben, der über Sieg oder Niederlage entscheiden soll, werden alle Zuschauer blaß, ihre Hände feucht. Wir alle kennen das Gefühl. Oft ist der vorgesehene Elfmeterschütze gar

nicht in der Lage, den Strafstoß auszuführen. Jeder schaut auf jeden, und doch blicken alle weg, möchten in diesem Augenblick meilenweit vom Tatort entfernt stehen.

Endlich findet sich einer mit Mut oder nervlicher Kraft, tritt auf den Ball und das Stadion ist erlöst. Im Tennis kommt dieser Augenblick mehrmals in einem Match. Die gleiche Nervenlast, die alle Glieder lähmt, muß vier- oder fünfmal aufgebracht werden, an jeder x-beliebigen Stelle des Platzes. Vielleicht sogar drei Tage hintereinander, auf jeden Fall jedoch Wochen und Jahre hindurch. In letzter Minute von einem einzigen Spieler zu verlangen, dreimal einen Elfmeter zu treten, weil Regelverstöße die Wiederholung verlangten, wäre einfach unmenschlich.

Es gibt Cracks, die – verunsichert durch unglückliche Niederlagen in der Vergangenheit – eine fast panische Angst vor dem Matchball bekamen. In solchen Situationen ist der Betroffene wirklich der einsamste Mensch auf dieser Welt. Keiner kann ihm helfen.

In Gedanken weiß man ganz genau, wie man den Matchball verwandeln will. Plötzlich riskiert der Gegner alles, der Führende muß improvisieren und fällt prompt aus dem Gleichgewicht. Oft verspüren die Matchball-Akrobaten ein besonderes Kribbeln in der Hand und führen Ideen aus, die unweigerlich zur Niederlage führen müssen. (Die Beispiele für wahre Matchballtragödien ließen sich endlos aneinanderfügen. Die Skala reicht bis zu 21 [!] Matchbällen, die der Italiener *Giorgi di Stefani* im Jahre 1930 beim Daviscup-Interzonen-Finale in Paris gegen den Amerikaner *Allison* vergab.)

Dieser kurze Abriß über ein unerschöpfliches Thema soll nur zeigen, daß es kaum einen Weltklassemann gab bzw. gibt, der nicht einmal diesem eigenartigen Matchballfluidum erlag. Zuerst das Gemurmel der Zuschauer vor dem scheinbar letzten Ballwechsel. Dann folgt die Grabesstille. Alles fragt sich: Wessen Nerven siegen, die des Führenden oder die des Unterlegenen? Gerade die Australier oder Amerikaner sind zu den tollsten Kapriolen fähig. *Fred Stolle*, der mit *Roy Emerson* drei Jahre lang eine unschlagbare australische Davispokal-Mannschaft bildete, wehrte einmal in Hamburg gegen *Wilhelm Bungert* zehn Matchbälle mit zehn Auschlag-Assen ab! Diese Augenblicke, getragen von einer unerklärlichen Angst oder einem unbändigen Mut, machen

einen großen Teil der Faszination aus, die der weiße Sport verbreitet.
Haben auch Sie einmal eine Begegnung trotz einiger Matchbälle verloren, geben Sie nichts auf das Gerede einiger unverbesserlicher Klubkameraden, die stolz verkünden: »Mir kann so etwas nicht passieren!« Der Tennissport kennt kein Spiel auf Zeit, und deshalb kann jede Führung aufgeholt werden, sobald der aussichtslos im Rennen liegende Gegner plötzlich fehlerlos auftrumpft. Dabei ist es in der Praxis völlig belanglos, ob der Führende gleichzeitig auch einen hervorragenden ersten Aufschlag besitzt. Haben sich erst einmal die Gewichte verschoben, zieht die glorreiche Gewißheit im Sport auch auf dem Tennisplatz ein.
Fassen wir zusammen: Bleiben Sie auch beim letzten Ballwechsel bei jener Taktik, die Sie zum Endpunkt einer Begegnung führte. Versuchen Sie nicht, ängstlich zu spielen, sonst nützen die besten Vorsätze wenig. Verzichten Sie auch in aussichtsreicher Situation auf einen Kunstball, wenn Sie den letzten Ball einfacher haben können.
Sehen Sie sich ruhig einige Begegnungen zwischen Könnern in ihren Endphasen an. Daraus können Sie viel lernen. Sie werden bemerken, daß zu 90 Prozent immer wieder die gleichen Fehler vorkommen. Nehmen Sie sich vor, es wirklich anders zu machen.

## Nach einer überraschenden Niederlage

Einmal kommt der Augenblick, in dem Sie eine völlig unerwartete Niederlage in eine Art Panikstimmung versetzt. Am liebsten würden Sie den Schläger in die Ecke werfen. Jenen, die ein derartiges Verlustergebnis nur in störenden äußerlichen Einflüssen suchen, ist kaum zu helfen. Grundsätzlich sollten Sie sich nach einer niemals ins Auge gefaßten Niederlage drei Fragen stellen: 1. Habe ich mein Können wenigstens zu 90 Prozent erreicht? 2. War mein taktisches Grundrezept richtig? 3. Habe ich die Schwächen meines Gegners ausgenutzt? Sicherlich beeinträchtigen manchmal Sonne, Wind oder Feuchtigkeit ein Match, aber auch Ihr Gegner mußte ja mit den Witterungseinflüssen fertig werden. Vielleicht reagierte er klüger als Sie! Vielleicht standen Sie vor dem Kampf zu viel auf dem Platz? Lag das Klubturnier in Ihrem

Urlaub? Sie wollten sich intensiv vorbereiten, taten aber zu viel, und nun sah das Ergebnis ganz anders aus.
Auf dem Tennisplatz müssen Sie sich selbst helfen. Die größte Schwierigkeit besteht darin, die richtige Synthese zwischen höchster Konzentration und Entkrampfung (Abreagieren) zu finden. Niemand kann eine Stunde lang wie ein Seiltänzer traumwandlerisch sicher auf dem besten Leistungsgrad wandeln. Wer sich zu lange über einen leichten Fehler oder über einen verschenkten Punkt ärgert, findet zum Abreagieren natürlich keine Zeit. Er muß abrupt von einer verzwickten Situation in die andere springen. Das Ergebnis: Die berühmte verkrampfte Spielweise, bei der jeder Aktive nur 50 Prozent seiner Leistung bringt. Denn es bleibt ja nicht bei einem Fehler. Vor lauter Ärger häufen sich die verschlagenen Bälle.
Die Australier und Amerikaner sind den Europäern in diesem Punkt weit überlegen. Sie schimpfen, maulen, sie ärgern sich und werfen den Schläger weg – aber nach 30 Sekunden beginnt die Konzentration auf den nächsten Ballwechsel. Sie beherrschen die Kunst des Abschaltens meisterhaft.
Nicht nur Sie wirken im Training besser als im Match! Wie oft hören wir den Ausspruch: »Freitag beim letzten Klubmatch klappte alles!« Die Nerven spielen eine entscheidende Rolle. Im Training stehen Sie gelockert auf dem Platz, im Match voller Hemmungen. Vielleicht sprechen Sie einmal mit einem Psychiater. Viele lächeln über einen derartigen Rat, bis ihnen wirklich geholfen wurde. Glücklich sind jene zu preisen, die sich nur dann voll konzentrieren können, wenn es um etwas geht. Das sind natürlich keine idealen Trainingspartner. Sie stecken gleichgültig viele Niederlagen ein, triumphieren aber gegen die gleichen Klubkameraden im ernsten Kampf.
Hören Sie nach einer überraschenden Niederlage ruhig zu, was Ihnen Außenstehende zu sagen haben. In allen Kritiken liegt stets ein Körnchen Wahrheit. Stürzen Sie sich nicht gleich am nächsten Tag in ein ausgiebiges Training, sondern lassen Sie zwei Tage verstreichen, ehe Sie mit frischem Mut an die Aufgabe gehen. Manche lassen sich vor Wut oder Enttäuschung eine ganze Woche nicht auf dem Tennisplatz sehen. Gewiß, Tennis ist ein Individualsport und jeder handelt anders. Aber gewisse Spielregeln sollten doch für alle gleich bleiben.

Die ängstliche Spielweise läßt sich natürlich nicht im Training ausmerzen. Oft fehlt die Gelegenheit, häufig ein Turnier zu bestreiten. Die Ersatzlösung lautet: Trainingskampf mit Einsatz, eine Flasche Sekt, ein Abendbrot oder pro Satz ein Glas Bier. Ein gewisser Anreiz muß Sie dazu zwingen, über Ihren eigenen Schatten zu springen. Selbstverständlich sollten Sie nur nach gleichwertigen Gegnern Ausschau halten. Der erste Erfolg stellt sich ein, wenn Sie sowohl den Vorhand- als auch den Rückhandball entlang der Linie schlagen, frei weg, ohne Angstgefühle, er könnte ins Aus gehen. Plötzlich eröffnen sich Ihnen neue Möglichkeiten der Schlagvariation. Was Sie im Training gelernt haben, kann einfach von heute auf morgen im Match nicht verlorengehen.

## Ein Wort an die »Tenniseltern«

Wie sollen sich tennisbegeisterte Eltern am Tennisplatz verhalten, wenn ihre Kinder am Turnier beteiligt sind? Eine Kardinalfrage, die oft gestellt, oft richtig beantwortet, aber nur selten richtig ausgeführt wurde. Vor Aufregung zitternde Väter, handtuchreichende Mütter mit blassen Gesichtern, wie ein Gewitterregen niederprasselnde Ratschläge bei jedem Seitenwechsel und zornige Standpauken unmittelbar nach Spielschluß haben nur Tränen, Verbitterung und Enttäuschung bei den Kindern hervorgerufen. Ein Vater machte jeden Seitenwechsel mit, um kommandieren zu können. »Für diese schäbige Leistung verdienst du eine Ohrfeige«, empfing eine Mutter ihren Sohn, und ein Vater verbot seiner Tochter sogar für zwei Monate den Tennisplatz als Strafe für die überraschende Niederlage. »Ich habe Angst, nach Hause zu fahren. Dieses Theater heute abend«, jammerte ein 14jähriges Mädchen. Diese Geschichten lassen sich beliebig fortsetzen. Das Produkt dieser unverständlichen Behandlung läßt nicht lange auf sich warten: Kinder mit verbissenem Gesicht und freudloser Tenniskunst.

Wie soll man es nun machen? Haben die Kinder keinerlei Wünsche, sollten die Eltern tunlichst drei Grundregeln strikt beachten: Nicht am Platzrand sitzen oder stehen, damit die Kinder weder die enttäuschten Gesichter noch die Nervosität bemerken können. Ratschläge müssen vor dem Kampf gegeben werden. Kinder sind viel zu aufgeregt, um beim Seitenwechsel alle Tips aufzunehmen. Nach dem Match sollten die Eltern niemals von sich aus mit der Kritik beginnen. Erst wenn das Kind eine Diskussion wünscht, sollte die Match-Analyse einsetzen.

Wer als Vater oder Mutter diese Regeln in allen Situationen berücksichtigt, gilt als idealer Betreuer. Das Kind wird seine Spielfreude behalten und die Leistungen gewiß steigern. Im jugendlichen Alter soll Tennis in erster Linie ein Spiel bleiben und der Spruch in jeder Wohnung sichtbar angebracht werden. Wer nicht über das Spiel zum ernsten Kampf kommt, wird zwar ein Leben lang verbissen kämpfen können, aber niemals jene Höhen erreichen, die den wahren Könner ausmachen. Diese Einsicht kann man den Jugendlichen nicht mit dem Nürnberger Trichter einflößen. Nur eine richtige Führung auf dem Tennisplatz und eine vernünftige Betreuung außerhalb der Platzanlage wirken überzeugend.

Tenniseltern sind wichtiger, als vielfach angenommen wird. Die Vereine und damit auch die Jugendabteilungen vergrößern sich. Aber es bleibt bei einem Jugendwart, der sich nicht um alles kümmern kann. Fehlt den Eltern das Geld, um die Kinder regelmäßig bei einem Trainer unterzubringen, sollten sie sich genau über einen ausgewogenen Trainingsplan informieren. Auf dem Tennisplatz ist Geduld wichtiger als Strenge. Dem Kind kann nichts Schlimmeres widerfahren als unter psychologischem Druck spielen zu müssen.

Sind die Charaktere von Eltern und Kindern auf dem Tennisplatz wirklich konträr und unüberbrückbar, so muß der Familienunterricht einfach aufhören. Laßt die Kinder dann allein spielen und vielleicht pro Monat einmal durch einen Trainer überprüfen. Wie oft wurden Kinder schon durch einen falschen Ehrgeiz der Eltern vom Tennisplatz wieder fortgejagt! Darum maßvoll sein im Stecken der Ziele und niemals vergessen, daß der Junge oder das Mädchen von seinen Eltern die gleichen pädagogischen Fähigkeiten verlangt wie von seinem Trainer.

Ein heikler Punkt ist natürlich das Thema »Eltern und Tennislehrer«. Entscheiden Sie sich für einen Trainer, dann lassen Sie Ihr Kind ganz nach den Richtlinien des Lehrers wirken. Im ganzen Bundesgebiet gibt es jetzt eine einheitliche Lehrmethode.

Sollten Sie das Pech und einen Trainer haben, der sich den modernen Erkenntnissen dennoch verschließt, bringen Sie keine Unruhe in Ihr Kind. Fragen Sie einen erfahrenen Klubfreund, was Sie machen sollen.
Die heftigsten Diskussionen gab oder gibt es um den Griffwechsel. Oft ist ein derartiger Wechsel notwendig, manchmal hilft aber auch Trainingsfleiß, um den noch unsicheren Schlag perfekt auszubauen. Trainer brauchen nicht unbedingt spielstark zu sein. Sie müssen aber gute pädagogische Fähigkeiten besitzen. Wer Fehler erkennt und weiß, wie sie zu beseitigen sind, bringt jeden Schüler entscheidend voran.
Die Eltern lieben es, stets den Ton anzugeben. Sie korrigieren die Trainer, nennen sie unfähige Lehrer und wundern sich dann, wenn ihr Kind nicht die erwarteten Fortschritte macht. Es sollte wie nach einem Match sein: Verspürt Ihr Kind das Verlangen, mit Ihnen zu sprechen, dann tun Sie es. Lassen Sie sich aber genau erzählen, was Ihren Sohn oder Ihre Tochter bedrückt. Nur aus dem Gespräch heraus finden Sie den Weg, der auch Ihr Kind auf der Erfolgsleiter weiterbringen kann.

# Auf dem Weg zum Turnierspieler

Ich sagte mir immer: Versuche deinem Gegner so viele Rätsel aufzugeben wie nur irgend möglich. Kämpfe vom ersten bis zum letzten Ball. Hast du einen Spieler einmal geschlagen, ist das keine Garantie für einen weiteren Sieg. Ich habe den Kampf geliebt. Ich wäre unglücklich gewesen, hätte ich im voraus gewußt, daß mir niemand den Sieg nehmen kann. Ich gab kein Spiel von vornherein verloren.

*Sven Davidson,* Schwedens bekannter Davispokalspieler der 50er Jahre

»Es ist besser, dir steigt der Gin in den Kopf als dein erster Sieg über mich«, sagte Amerikas Meisterspieler Bill Talbert zum späteren Wimbledonsieger Tony Trabert, als er ihn nach der Niederlage sofort an die Bar schleppte.

»Ein guter Spieler ist derjenige, der im richtigen Moment den richtigen Ball schlagen kann.«

Wimbledonsieger *Fred Perry* (England)

»Ich habe einmal versucht, meinen Schläger auf den Boden zu werfen, um zu sehen, ob es mir helfen würde, meine Wut über den verdorbenen Schlag zu vergessen. Nun – es half gar nichts. Seitdem weiß ich: Wenn ein Spieler in einem Wutanfall den Schläger wegwirft, ist sein Verstand blockiert.«

Wimbledonsieger *Frank Sedgman* (Australien)

## Vom »Fairplay« im Tennis

Es gehörte einst zum guten Ton im weißen Sport, daß man sich nach einem Netzroller oder nach einem versprungenen Ball beim Gegner entschuldigte – auch wenn einem dieses »Mißgeschick« in Wirklichkeit gar nicht so leid tat. Doch inzwischen hat sich der Ton im Wettkampfsport einschneidend verändert. Dies trifft insbesondere auf die Profis zu, bei denen Entschuldigungen zur Rarität geworden sind. Im knallharten Tennisgeschäft von heute ist es nicht einmal mehr Usus, eine eindeutige Fehlentscheidung des Schieds- oder Linienrichters zugunsten des Gegners zu korrigieren, auch wenn man selbst zweifelsfrei erkannt hat, daß einem der Punkt zu Unrecht zugesprochen worden ist. Soweit sollten Sie nicht gehen. Bringen Sie Ihrem Gegner jene Fairneß und Aufrichtigkeit entgegen, die Sie selbst auch von ihm erwarten. Die Entschuldigung nach einem Netzroller entspricht freilich in der Tat nicht mehr modernem Zeitgeist und ist infolgedessen auch nicht mehr in den Stand der moralischen Verpflichtung zu erheben. Ein Fußballspieler würde auch nicht auf den Gedanken kommen, sich nach einem Schuß, bei dem der Ball vom Innenpfosten ins Netz trudelt, beim gegnerischen Torwart zu entschuldigen.

Die größten Probleme haben Schiedsrichter und Turnierveranstalter – auf welcher Ebene auch immer – stets mit der Einhaltung der Regel 31 (Unterbrechungen), die unter anderem folgenden Wortlaut hat: »Es muß vom ersten Aufschlag bis zum Schluß des Wettspiels ohne Unterbrechung gespielt werden. Ein Wettspiel darf niemals unterbrochen, verzögert oder gestört werden, um einen Spieler ausruhen oder Atem schöpfen zu lassen. Der Schiedsrichter allein entscheidet über jede Unterbrechung, Verzögerung oder Störung und kann den Schuldigen nach eindeutiger Warnung disqualifizieren.«

Der häufigste Verstoß gegen diese Regel wird mit dem Sammelbegriff »Kunstpause« umschrieben. Er umfaßt alle Tricks, die darauf abzielen, sich durch Zeitverschleppung Erholung zu verschaffen. Dazu gehört die zu lange Ausdehnung des Seitenwechsels, das vorgetäuschte Verfehlen eines zugeworfenen Balles, das allzu behäbige Einsammeln der Bälle etc. Was wollen Sie dagegen schon groß unternehmen, wenn kein Schiedsrichter zur Stelle ist? Proteste werden wenig nützen, und ein von Ihnen herbeigeführter Spielabbruch würde das Ergebnis im Endeffekt sicherlich zu Ihren Ungunsten ausfallen lassen.

Ein Meister solcher Einlagen war stets Rumäniens Tennisexzentriker *Ilie Nastase*. Kein Match vergeht, in dem er nicht mehrfach beim Auftippen vor dem eigenen Aufschlag den Ball »versehentlich« auf den Fuß fallen läßt, so daß die Filzkugel wegrollt und neu eingesammelt werden muß. Auch das Schnüren der Schuhe nach einem langen, kraftraubenden Ballwechsel ist stets eine beliebte Masche des Rumänen, der aber noch weit größeren Einfallsreichtum offenbart. So gehören spaßige, manchmal aber auch die Grenzen des guten Geschmacks streifende Showeinlagen für das Publikum ebenso zu seinem Repertoire wie ausgedehnte Diskussion mit Zuschauern, Schieds- oder Linienrichtern und notfalls auch mit dem Gegner. Nicht selten dienen solche Gags, bei denen *Nastase* die Lacher immer auf seiner Seite hat, ganz gezielt der Provokation des Kontrahenten, auf daß dieser aus dem Schlagrhythmus oder aus der Konzentration gebracht werde. Ein ganz tolles Stück dieser Art leistete sich *Nastase* während des Wimbledon-Turniers 1977, im Spiel gegen den recht spröden und humorlosen Rhodesier *Andrew Pattison. Nastase* lag nach zwei Verlustsätzen auch im dritten Durchgang fast aussichtslos zurück, als er sich plötzlich durch einige Zuschauer gestört fühlte, die auf der ihm gegenüberliegenden Kopfseite des Platzes unter der grünen Plane durchlugten. Er protestierte und lenkte damit die Aufmerksamkeit aller Anwesenden, auch des Publikums, auf jenen Ort, von dem die vermeintliche Störung ausging. Als Ruhe und Ordnung zur Fortführung wieder hergestellt waren, war *»Nasty«* (der Gräßliche), wie ihn die Engländer nennen, spurlos verschwunden – wie vom Erdboden verschluckt. Des Rätsels Lösung: Er war, von fast allen unbemerkt, auf seiner Seite unter der Plane hindurchgekrochen und hielt sich versteckt – nur von Zeit zu Zeit einmal mit diabolischem Grinsen darunter hervorlugend. Die Reaktionen reichten von großer Heiterkeit beim Publikum über hilflose Verwirrung beim Schiedsrichter bis hin zu ohnmächtigem Zorn bei *Pattison*, bei dem die Provokation voll durchschlug. Die Wut des Rhodesiers steigerte sich ins Unermeßliche, als *Nastase* urplötzlich – noch während der Schiedsrichter, der herbeigerufene Oberschiedsrichter und eine Abordnung der

Turnierleitung über geeignete Maßnahmen beratschlagten – wieder an seiner Grundlinie stand und mit gespielter Ungeduld auf den Aufschlag des Gegners wartete. Die Einlage verfehlte ihr Ziel nicht: *Pattison* hatte derart die Nerven verloren, daß er fortan nur noch wütend und teilweise völlig unkontrolliert gegen die Bälle drosch, so daß *Nastase* leichtes Spiel hatte, das Steuer herumzureißen, und schließlich als triumphaler Sieger vom Platz zu gehen. Sein Kontrahent dagegen mußte sich sogar noch die schmähenden Pfiffe des Publikums gefallen lassen, weil er nach dem Matchball den obligatorischen Handschlag zur Gratulation verweigert hatte.

## Richtiges Verhalten bei Verletzungen

Schwierig wird es für alle Beteiligten bei Stürzen, Krämpfen oder anderen Mißhelligkeiten während eines Matches. Es soll ja – laut Regel 31 – eigentlich ohne Unterbrechung weitergespielt werden – zumal da Krämpfe nur die Folge mangelnder körperlicher Vorbereitung sind, mithin also zumindest indirekt vom Betroffenen selbst verursacht werden. Dennoch wird auf den verletzten Spieler stets Rücksicht genommen. Im allgemeinen räumt der Oberschiedsrichter eine Behandlungszeit von drei bis fünf Minuten ein, ehe er zur Qualifikation schreitet. Für Grand Prix und andere bedeutende Profiturniere gibt es inzwischen fest umrissene Vorschriften, wie in solchen Fällen zu verfahren sei. Die härteste Haltung nahmen vor Inkrafttreten dieser Vorschriften immer die als »sportlichstes Volk der Welt« apostrophierten Briten ein. Wenn beispielsweise in Wimbledon der herbeigerufene Arzt die augenblickliche Spielunfähigkeit eines Teilnehmers bescheinigte, wurde das Match auf der Stelle beendet – unabhängig vom Spielstand, denn die Regeln sollen zu jeder Zeit des Kampfes gleichermaßen Beachtung finden.

Bei Wettkämpfen auf niedrigerer Ebene – etwa bei Ihren Medenspielen oder Klubmeisterschaften – wird die letzte Entscheidung meistens bei den beteiligten Spielern liegen, weil entweder ohne Schiedsrichter gespielt wird oder weil dieser – falls doch vorhanden – in der Regel Entscheidungshilfe von den Betroffenen erbittet. Seien Sie in solchen Fällen um eine faire, angemessene Lö-

sung bemüht und bedenken Sie: Es ist keineswegs unsportlich, auf die Anwendung der Regel 31 hinzuweisen – nicht von Ihnen und auch nicht von Ihrem Gegner.
Eine besonders harte Auslegung der Regel ist vor allem bei Senioren-Wettkämpfen am Platze. Viele Spieler ab 45 gehen nämlich sträflich unvorbereitet in einen Wettkampf und gefährden ihre Gesundheit damit auf höchst fahrlässige Weise. Kommen dann die Beinkrämpfe, vertrauen sie auf einen regelunkundigen oder sportlich eingestellten Gegner oder die Überredungskunst der anwesenden Zuschauer. Wer im fortgeschrittenen Alter ein 90-Minuten-Match austragen muß, sollte auch im Training diese Zeit auf dem Platz stehen. Sind Sie ein Spielertyp, der durch Unterbrechungen aus dem Rhythmus kommt, gehen Sie sofort auf einen Nebenplatz und schlagen mit einem Klubkameraden Bälle. Ehe ein Arzt kommt, können durchaus zehn Minuten vergehen, die Sie vollkommen aus dem Schlag bringen. Wichtig sind derartige Maßnahmen in der abendlichen Kühle. Die Muskeln werden kalt. Es kann ja durchaus sein, daß Ihrem gehandikapten Gegner eine Pause überhaupt nichts ausmacht. Warum sollte er dann plötzlich einen ungerechtfertigten Vorteil erhalten?
Spielt Ihr Gegner nach einem Sturz oder Krampf weiter, unternehmen Sie keine Maßnahmen zur Temposteigerung. Meistens geht es schief, Sie begehen viele Fehler, und Ihr Gegner erhält wieder Oberwasser. Achten Sie nicht auf sein Stöhnen oder Humpeln, versuchen Sie, da anzufangen, wo Sie vor der Unterbrechung aufgehört haben. Ist Ihr Gegner wirklich gehandikapt, genügt Ihre bisherige Spielweise zum Sieg. Täuscht er nur eine Beeinträchtigung der Kondition vor, würden Sie durch eine Rhythmusänderung erst recht auf die Verliererstraße gelangen.
Sie sehen, wie kompliziert Tennis sein kann. Weiß man aber, was einem alles zustoßen kann, sieht die Chance, ein unvorhergesehenes Hindernis zu überwinden, schon weitaus günstiger aus. Darum lohnt sich ein Studium des weißen Sports.

## Die richtige Zählweise

Seit über hundert Jahren wird nach den auch heute noch weitgehend gültigen Regeln Tennis gespielt, aber 90 Prozent der deutschen Schiedsrichter zählen falsch. Ein Zuschauer, der nur selten eine Veranstaltung besucht, versteht unter den Ausdrücken »Vorteil rück, Vorteil auf, Doppel-Aufsprung« oder »noch zwei weitere« ebensowenig wie ein Ausländer. Dabei ist alles so einfach.

Wie schon eingangs angedeutet, erhält der Spieler nach dem ersten gewonnenen Punkt ein »15:0«. Es wird immer vom Aufschläger aus gezählt. Verliert er den ersten Punkt, heißt es »0:15«. Nach dem nächsten Ballwechsel muß es »15 beide, 30:0 oder 0:30« lauten. Nach dem dritten Ballduell »30:15, 15:30, 40:0 oder 0:40«. Ab 30 wird nur noch zehn hinzugezählt. Bei »40:0, 40:15 oder 40:30« kann ein im Vorteil liegender Aufschläger, wenn er den nächsten Punkt gewinnt, das Spiel machen. Bei »0:40, 15:40 oder 30:40« ist der Rückschläger an der Reihe, beim nächsten Punktgewinn das Spiel zu erringen. Beim ersten Stand (40:0) hat er dreimal, beim zweiten (40:15) zweimal und beim dritten (40:30) nur einmal die Möglichkeit zum Spielgewinn.

Ab 40:40 soll »Einstand« gerufen werden. Danach kann nur derjenige das Spiel gewinnen, der zwei Punkte hintereinander holt. Nach einem Gewinnpunkt heißt es Vorteil »Aufschläger« oder Vorteil »Rückschläger«. Bei Turnieren wird der Name genannt, um es den Zuschauern zu erleichtern. Also »Vorteil *Borg*, Vorteil *Connors*«.

Ab »40:40« kann ein Spiel sehr lange dauern, denn oft erringen die Akteure nur wechselseitig einen Punkt. Ein normaler Satz ist bei sechs zu Ende, allerdings nur, wenn es 6:0, 6:1, 6:2, 6:3 oder 6:4 heißt. Steht es 5:5, wird so lange weitergekämpft, bis einer zwei Spiele vor hat, also 7:5, 8:6, 9:7 oder gar 12:10. Auf Rasen oder Zement, wo die Aufschläge dominieren, sind Sätze bis zu 30:28 keine Seltenheit. Nur beim »Tie-Break«, auf den wir noch zu sprechen kommen, gibt es seit ein paar Jahren eine andere Regelung.

Wenn Sie mit dem Aufschlag beginnen, so servieren Sie von der rechten Seite ins gegnerische Feld, das Ihnen schräg gegenüberliegt. Jeder Aufschlag besteht aus zwei Bällen. Berührt ein Aufschlag das Netz, muß er wiederholt werden. Dabei spielt die Anzahl der das Netz berührenden Bälle keine Rolle. Alle anderen verzwickten Situationen entnehmen Sie bitte den Regeln des

Internationalen Tennis-Verbandes (ITF), die Sie am Schluß des Buchs finden.
Normalerweise entscheiden zwei Gewinnsätze über den Ausgang eines Kampfes. Sie brauchen nicht hintereinander gewonnen zu werden. Bei wichtigen Turnieren oder Meisterschaften haben es die Aktiven schwerer. Der Sieger steht dann erst nach drei Gewinnsätzen fest. Unter Umständen müssen sogar fünf Sätze ausgetragen werden. Am Ende des Kampfes heißt es dann: »Spiel, Satz und Sieg für *Borg* mit 6:4, 3:6, 6:4, 7:5«.
Sind keine Anzeigetafeln vorhanden, sagen Sie bei einem Satzgewinn: »Spiel und zweiter Satz für *Maier* mit 6:4, den ersten Satz gewann *Schmitz* mit 6:3.« Dann gibt es keinerlei Rätselraten um den Spielstand, und die Zuschauer freuen sich über die nette Geste des Schiedsrichters. Selbst bei einem Klubturnier finden Sie bei einer klaren Ausdrucksweise stets dankbare Spieler und folgedessen auch keinerlei Diskussionen und Nachfragen. Berührt zum Beispiel ein Aufschlag das Netz, heißt die Ansage für die Wiederholung: »Netz, erster Aufschlag« (Let, first service) oder: Netz, zweiter Aufschlag (Let, second service). Und was hören wir auf den Tennisplätzen? »Bitte zwei weitere« oder »Bitte einen neuen Ball«. Auch wenn Sie ein Trainingsmatch ohne Schiedsrichter absolvieren, sprechen Sie laut und zählen Sie richtig. So lernt jeder am besten.
Vergessen Sie niemals, zuerst den Punktestand des Führenden zu nennen. Falsch ist also: »Spiel *Maier*, 1:3-Rückstand im ersten Satz.« Es muß lauten: »Spiel *Maier, Schmitz* führt mit 3:1.«
Im Doppel wird derjenige Spieler ausgesprochen, der aufschlägt oder der den Aufschlag annimmt. Die Anrede »Herr« kann weggelassen werden. Wimbledon, immer Vorbild, tut es auch. Bei den Damen dagegen setzen wir vor den Namen das »Frau« oder »Fräulein«. (Advantage *Borg*, Advantage Miss *Austin*.)
Der Schiedsrichter soll so wenig wie möglich reden. Bandwurmsätze wie »Spiel Herr *Maier*, Herr *Maier* führt 3:2, es wird gewechselt, Herr *Schmitz* schlägt nach dem Wechsel auf« sind völlig überflüssig. Die Spieler kennen die Regeln, und der Zuschauer sieht, was geschieht. Nur bei Irrtümern braucht der Schiedsrichter einzugreifen. Auch bei einem Aufschlag, der ins Netz geht, soll der Schiedsrichter nicht unnötig »Fehler« rufen. Alle sehen es ja. Der Schiedsrichter besitzt kein Recht, einen verschlagenen Auf-

schlagball, der im Feld liegenbleibt, wegräumen zu lassen, wenn es der aufschlagende Spieler nicht wünscht. Dagegen kann der Rückschläger den störenden Ball auf beiden Seiten des Platzes entfernen lassen.
Keine Sportart besitzt so verzwickte Regeln wie das Tennisspiel. Hier lernt man nie aus. Selbst Routiniers, die schon 30 Jahre Turniere bestreiten, stehen oft vor Entscheidungen, die sie völlig unsicher machen. Schauen Sie deshalb hin und wieder in den Regelanhang.

## Warum die Tennis-Regeln nicht geändert werden

Don Quichotes unserer Zeit sind die Verfechter für eine Reform der Tennis-Regeln. Jahrelang reiten sie unbeirrt gegen die berühmten Windmühlenflügel. Was verlangen sie nicht alles! Eine Verkleinerung des Aufschlagfeldes, nur ein einziger Aufschlagball, Tennis mit Tischtennis-Zählweise und ein Verbot des Flugballspiels sofort nach dem Aufschlag. Über achtzig Jahre rüttelte niemand an den Grundfesten des Tennissports. Der Laie findet die umständliche Zählweise zwar etwas merkwürdig, fühlt aber instinktiv, daß sie eine der Ursachen für die dramatischen Tenniskämpfe ist. Angeblich dienten alle Vorschläge zur Verbesserung des Weltklasseniveaus. Wohin würden wir aber kommen, wenn alle Sportarten bei schwächeren Abschnitten dazu übergingen, ihre Regeln zu ändern? *Jack Kramer*, Wimbledonsieger von 1947 sowie maßgeblicher Vorreiter und Wegbereiter des Profitennis in seiner heutigen Form, sagte einmal, warum Tennis nach Tischtennis-Zählart unsinnig wäre: »Tennis bleibt ein Spiel der Aufschlagasse, der Doppelfehler und der verpaßten Matchbälle. Nimmt man diesem Spiel einen der drei Pfeiler, nimmt man ihm auch das eigenartige Fluidum.«
Kopfschüttelnd erlebten Zuschauer und Experten ein Match zweier guter Spieler mit nur einem Aufschlagball. Es ging um eine nicht unerhebliche Geldsumme. Obwohl die Akteure über einen guten Aufschlag verfügten, schwand ihr Selbstvertrauen bei dem Gedanken, nach einem verschlagenen Ball keinen zweiten mehr servieren zu können. Selbst mit dem sonst so sicheren angeschnittenen Ball – der stets als zweiter Aufschlag verwendet

wurde – gab es Minuspunkte. Die gesamte prickelnde Atmosphäre um einen Kanonenballaufschlag war dahin. Armer Anfänger, wenn er beim Aufschlag nicht einmal hart zuschlagen dürfte!

Aus Amerika kam eine andere Idee. Der Aufschläger durfte den Service-Return nicht als Flugball nehmen, sondern mußte den Ball erst einmal aufspringen lassen. Das temporeiche Spiel war dahin, denn der Rückschläger wählte natürlich einen halbhohen, langen Ball. Er verlangsamte das Spiel und raubte dem Aufschläger seinen Vorteil. Nur ein regelrechtes Aufschlagas brachte Nutzen. Da der weiße Sport nicht nur aus Weltklasse-Akrobaten besteht, horchten viele auf, als bei einer Jahresversammlung des Weltverbandes ein Delegierter sagte: »Was gehen uns die Aufschlag- und Flugball-Spezialisten auf Rasen oder in der Halle an. Wir sehen sie nicht und haben sie auch nicht. Wir freuen uns aber über jeden Nachwuchsspieler, der einen harten ersten Aufschlag präsentieren kann.«

Die Regeln bedürfen keinerlei Änderung, allenfalls sinnvoller Ergänzung. Die Diskussionen über die »verkürzte Spielweise« (Tie-Break) halten zwar noch an, finden aber immer mehr positive Sprecher. Für die Zuschauer bedeutet der Tie-Break eine angenehme Erneuerung und zusätzliche Spannung. Die Marathonbegegnungen gehören der Vergangenheit an. Nur in wenigen internationalen Mannschaftswettbewerben, wie beispielsweise dem Davis-Cup, können wir sie noch erleben.

Die Aktiven denken verständlicherweise oft anders. Ob Anfänger oder Weltklasse – immer gibt es Spieler mit unterschiedlicher Kondition. Die größte Freude über die Reduzierung der Kämpfe bis zum Umfallen verspüren die Techniker, die ja vom »Arbeits-Tennis« nichts halten, sondern alles »spielend« erreichen wollen. Beim Tie-Break setzen sie auf ihre guten Nerven. Sensible Techniker verwandeln sich allerdings auch in labile Gegner.

Ungerechtigkeiten lassen sich auch weiterhin nicht vermeiden. Oft sind zwei Begegnungen am Vor- oder Nachmittag nicht zu umgehen. Der eine erhält einen leichten, der andere einen schweren Gegner. Logischerweise bleibt für den einen bis zum nächsten Spiel mehr Zeit zum Ausruhen als für den anderen. Ob es nun um das große Geld bei den Profis oder nur um einen kleinen Titel im Klub geht – keiner verliert gern durch unglückliche äußere Umstände. Auch bei zwei Kämpfen von vier gleichstarken Spielern kann es gewaltige Unterschiede im Ablauf der Begegnung geben. Oft heißt es zehnmal »Einstand«, ehe das Spiel errungen ist.

In der bisherigen Tennisgeschichte wurde bis zur Einführung der Tie-Break-Regel nur ein einziges Mal eine Veränderung vorgenommen, als man die Netzhöhe – wie auch im Tischtennis – etwas heruntersetzte. Diese Maßnahme diente der Temposteigerung und damit der erhöhten Attraktivität im weißen Sport. Um dem Angreifer (beim Aufschlag) und dem Verteidiger (beim Passierball) nicht alle Trümpfe in die Hand zu geben, blieb die ansteigende Netzhöhe von der Mitte zur Seite (von 91 cm auf 1,06 m) erhalten. Vielleicht fällt bei Hallenkämpfen einmal die mit dem Seitenwechsel verbundene Pause öfter weg. Hier gibt es ja keine sogenannten Sonnen- und Windseiten. Die Zuschauer finden die vielen Unterbrechungen, vor allem zu Beginn einer Begegnung, völlig überflüssig. Wer braucht schon nach dem 1:0 eine Pause? Vorläufig gelten in der Halle jedoch die gleichen Regeln wie beim Freilufttennis.

## Der »Tie-Break« (Spielbrecher)

Diese von den amerikanischen Profis übernommene Regel soll Marathonkämpfe, vor allem auf Rasen, Zement und in der Halle, verhindern. Sie kommt zur Anwendung, wenn in einem Satz der Spielstand von 6:6, 7:7 oder 8:8 erreicht ist. (Anmerkung: Bei allen Veranstaltungen entscheidet die Turnierleitung vor Beginn der Kämpfe, wann und ob auch im letzten Satz der »Tie-Break« angewendet wird.) In den meisten Fällen hat sich inzwischen das Inkrafttreten des »Tie-Breaks« beim Stande von 6:6 durchgesetzt – mittlerweile auch in Wimbledon, wo bis einschließlich 1978 noch die Anwendung des »Tie-Breaks« bei 8:8 üblich war.

Beim »Tie-Break« werden wie beim Tischtennis nur noch einzelne Punkte gezählt. Also: 1:0, 2:0, 2:1, 2:2 usw. Der Spieler, der an der Reihe ist aufzuschlagen, beginnt mit dem ersten Aufschlag von der rechten Seite. Danach hat jeder Spieler immer abwechselnd zweimal Aufschlag, zuerst von links, dann von

rechts. Die Spieler wechseln nach jeweils sechs Punkten die Seiten, so daß der gerade aufschlagende Spieler von jeder Seite einmal servieren muß.
Derjenige Spieler, der zuerst sieben Punkte erzielt, gewinnt das den Satz entscheidende Spiel, vorausgesetzt, daß er mindestens zwei Punkte mehr als sein Gegner hat. Kommt es aber zu einem 6:6-Punktestand, so geht der »Tie-Break« weiter, so lange, bis einer der beiden Spieler einen Zweipunkte-Vorsprung errungen hat. Der Satz gilt dann mit 7:6, 8:7 oder 9:8 als gewonnen.
Nach Beendigung des Tie-Break-Spiels werden die Seiten ebenfalls gewechselt. Der »Tie-Break« gilt für die Berechnung der Wechsel der Bälle als ein Spiel. Der Spieler, der zuerst im »Tie-Break« aufschlägt, ist automatisch Rückschläger bei Beginn des nächsten Satzes. Um Mißverständnissen vorzubeugen: Natürlich hat jeder Aufschläger bei seinem Service das Recht auf einen ersten und einen zweiten Aufschlag.
Im Doppel gilt die gleiche Regelung. Der am Aufschlag befindliche Spieler serviert zum ersten Punkt. Dann schlägt jeder Spieler nacheinander zweimal auf, und zwar in der gleichen Reihenfolge wie zuvor in diesem Satz, bis ein Paar als Gewinner des Spiels und damit des Satzes feststeht. Auch im Doppel wird nach sechs gespielten Punkten die Seite gewechselt.
Diese Regel wurde nicht von heute auf morgen geboren. Voraus gingen stundenlange und bis zur völligen Erschöpfung geführte Auseinandersetzungen auf den Zusammenkünften der Profis und der Vertreter des Weltverbandes. Auch auf dem Tennisplatz mußten erst unwahrscheinliche Rekorde aufgestellt werden, ehe der »Tie-Break« Zustimmung fand. Den Vogel schossen die beiden Amerikaner *Charlitto Pasarell* und *Pancho Gonzales* in Wimbledon ab, als sie erst nach fünf Stunden und 23 Minuten den Platz verließen. Diese Begegnung beendete eine 15jährige *Marathon-Ära*, die 1958 in Lyon begann. *Jaroslav Drobny*, gebürtiger Tscheche, dann nach Ägypten ausgewandert und schließlich in Großbritannien seßhaft geworden, und sein amerikanischer Freund und Rivale *Budge Patty* verkündeten als erste Tennisspieler der Welt bei einem 21:21-Stand im dritten Satz das Tennis-Unentschieden und gingen vom Platz. Vergessen wir einmal Technik und Taktik und verfolgen die wohl einmalige Rivalität dieser beiden Weltklassegrößen.

In ihrer Glanzzeit führte sie das Los bis auf zwei Ausnahmen alljährlich in Paris und Wimbledon zusammen. Sie lieferten sich dramatische Begegnungen voller Klasse. Wo sie auch antraten, die Zuschauerränge waren bis auf den letzten Platz besetzt. Beim Hallenturnier in Lyon sorgten sie mit dem 19:21, 10:8, 21:21-Ergebnis für Schlagzeilen in der Weltpresse. Niemand hatte sie zum Abbruch aufgefordert, kein Regen, keine Dunkelheit vertrieb sie, keiner war gestürzt oder kampfunfähig – und doch sagten sie: Schluß, wir teilen uns den Sieg!
Bisher gab es in allen Auseinandersetzungen immer einen Sieger, entweder durch Aufgabe, Erschöpfung oder Weiterspielen nach einer Unterbrechung. Im Tennis bedeutete bis dahin ein Stand von 21:21 noch keinen Grund zur Aufregung oder Aufgabe. Der Rekord lag ja bei 36:34, den die vier Amerikaner *Schroeder/Falkenburg* und *Gonzales/Stewart* in Forest Hills (USA) erreichten. Mit der Regenunterbrechung dauerte das Match sieben Stunden.
Viele ahnten das in seiner Art doch sensationelle Unentschieden zwischen *Drobny* und *Patty* voraus. Acht Jahre lang ertrugen diese beiden Strategen alle Strapazen mit bewundernswertem Gleichmut. In Lyon, bei einem einfachen Hallenturnier, dachten sie anders. Sie sahen keinen Sinn, im dritten Satz bei 21:21 noch weiterzuspielen. Nach drei Stunden härtester Aufschlag-Duelle ließ die Konzentration nach und der Aufschläger gewann mühelos seine Punkte. Beide erschraken bei dem Gedanken eines unendlich weitergehenden Kampfes, vielleicht bis 70:70! Keine utopische Situation, zählten doch *Patty* und *Drobny* zu den brillantesten Aufschlag-Künstlern der Welt. Es gab keine lange Debatte, die beiden Freunde reichten sich die Hand, und selbst die Zuschauer applaudierten dieser spontanen Entscheidung. Die Franzosen erlebten eine historische Stunde, die einmal kommen mußte, als Abschluß dieser doch wohl einmaligen Duelle zweier so grundverschiedener Spielertypen. Die Skala der stundenlangen wie auch dramatischen Marathonkämpfe ließe sich natürlich leicht erweitern. Geht ein Zuschauer zu einem Davispokal mit nur zwei Einzeln an einem Tage, fragt niemand nach der Dauer der Begegnungen. Anders liegt die Sache bei Turnieren. Da will der Tennisfan möglichst viele Aktive erleben und vor allem keine müden Helden. Die großen Turniere dauern acht, zehn oder 14 Tage. Jeder muß durch die Mühle kräfteraubender Runden.

Taktik wird beim »Tie-Break« großgeschrieben. Es gibt zwei kritische Punkte. Wer den ersten Aufschlag nicht gewinnt, kommt leicht in einen 0:3-Rückstand. Vermeiden Sie deshalb einen Doppelfehler oder einen riskanten Schlag. Der bessere Aufschläger braucht nicht immer zu gewinnen. Beim normalen Spiel können Sie bei einem 0:30-Rückstand durch zwei Aufschlag-Asse alles wieder in Ordnung bringen. Verlieren Sie im »Tie-Break« beide Aufschlagpunkte, wechselt ja der Aufschlag.
Der Seitenwechsel nach sechs Punkten kann tückisch sein. Passen Sie oder der Schiedsrichter nicht auf, ruht sich Ihr Gegner auf der Bank aus. Für den Aufschläger bedeutet die Pause ein Handicap. Ein Wechsel bei ungerader Punktzahl wäre sinnvoller. Spielen Sie deshalb auch im Training den »Tie-Break«. Er bringt eine gewisse Unruhe in den Schlagrhythmus. Schlagen Sie auf, lassen Sie sich genügend Zeit. Sie brauchen die größte Konzentration. Geben Sie keinen »Tie-Break« verloren. Auch ein 1:6-Rückstand ist aufzuholen.

## Nationale und internationale Wettbewerbe

Mit der Wandlung des Tennissports zum weltumfassenden Millionengeschäft ist im letzten Jahrzehnt auch eine einschneidende Veränderung der internationalen Turnierszene einhergegangen. Zum wichtigsten und populärsten Wettbewerb hat sich die »Grand-Prix-Serie« entwickelt, die rund 100 Turniere in allen Kontinenten umfaßt. Bei jedem Turnier werden Punkte vergeben, die sich im Verlaufe des Jahres summieren und am Ende eine exakte Reihenfolge ergeben. Die Höhe der zu erlangenden Punktzahl bemißt sich zum einen nach dem Erfolg eines Spielers innerhalb der einzelnen Turniere und zum anderen nach der Kategorie, der die jeweilige Veranstaltung zugeordnet ist. Letzteres Kriterium richtet sich im wesentlichen nach der Gesamtpreisgelddotierung, die von 50 000 Dollar bis über 400 000 Dollar reichen kann. Am Ende eines Jahres erhalten die 50 Erstplazierten der Grand-Prix-Serie eine nach dem jeweiligen Rang bemessene Sonderprämie aus einem Bonuspool, der sich im Verlaufe der Saison vorwiegend durch Abgaben der Turnierveranstalter angesammelt hat. Für die acht Besten findet überdies

zum Abschluß ein hochdotiertes Finalturnier statt – das sogenannte »Masters-Tournament«. Der Sieg bei dieser Veranstaltung wird von den Profis hinsichtlich seiner Ausstrahlung und Bedeutung mittlerweile ebenso hoch eingestuft wie der Gewinn des Wimbledon-Turniers. Mit vier Mastertiteln ist der Rumäne *Ilie Nastase* der bei weitem erfolgreichste Teilnehmer an diesem Wettbewerb.
Seit einigen Jahren ist auch die von dem texanischen Öl-Milliardär *Lamar Hunt* ins Leben gerufene WCT-Serie (siehe Anhang) in den Grand-Prix-Circuit integriert, nachdem sie zunächst als Konkurrenzwettbewerb dazu existiert hatte. Voraussetzung für diesen Zusammenschluß war gewesen, daß *Hunt* seine Turniere nicht mehr nur den bei ihm unter Vertrag stehenden Spielern, sondern grundsätzlich allen Profis öffnete. Auslaufende Verträge durften zudem nicht erneuert werden. WCT-Turniere, bei denen nunmehr zugleich auch Grand-Prix-Punkte vergeben werden, finden jeweils in den ersten vier Monaten eines Jahres statt. Am Ende der Serie steht – wie im Grand Prix – ein Finalturnier der acht Punktbesten, welches stets in der ersten Maiwoche in Dallas/Texas, dem Wohnsitz von *Lamar Hunt*, ausgetragen wird. Analog dazu gibt es übrigens auch Finalturniere für die acht besten Doppel-Paare, sowohl im Grand Prix als auch bei WCT.
Noch ein Wort zu dem immer wieder auftauchenden Begriff der ATP-Computer-Rangliste: ATP ist die Abkürzung für »Association of Tennis-Professionals« – eine Organisation, die man gewissermaßen als Selbstverwaltung aller Tennisprofis verstehen kann. Hauptsitz dieser Organisation ist die texanische Stadt Dallas. Zudem wird in Paris noch ein Europa-Büro unterhalten. Mit der eingangs erwähnten Rangliste hat es nun folgende Bewandtnis: Woche für Woche wird ein in Dallas plazierter Computer mit allen Ergebnissen der jeweils soeben abgeschlossenen Turniere gefüttert. Anhand dieser Daten errechnet der Computer sodann nach einem sorgsam ausgetüftelten Schlüssel eine Rangfolge sämtlicher Spieler, die alle 14 Tage ausgeworfen wird und immer ein genaues Spiegelbild der im Verlaufe der letzten zwölf Monate erzielten Ergebnisse darstellt. Somit gibt es praktisch das ganze Jahr über eine stets aktuelle Weltrangliste, in der mehrere hundert Spieler exakt eingestuft sind.

# Der Davispokal

Der wohl populärste internationale Wettbewerb ist der seit 1900 ausgetragene und von dem Amerikaner *Dwight M. Davis* gestiftete Davispokal. Zunächst durften nur die englischsprechenden Nationen um diese später ironisch als »Salatschüssel« apostrophierte Trophäe kämpfen. Obwohl 1950 bereits über 50 Nationen am Davispokal teilnahmen, gab es bis 1973 nur vier Sieger: Amerika (28mal), Australien (24mal), England (9mal) und Frankreich (6mal). Die ersten drei Länder wußten als typische Rasennationen ihre Vorteile geschickt zu nutzen. Frankreich dagegen lebte 9 Jahre von einer einzigartigen Tennisblüte *(René Lacoste, Henri Cochet, Jean Borotra* und *Jacques Brugnon).* 1974 gab es zum ersten Male einen kampflosen Sieger; da Indien aus politischen Gründen auf ein Finale gegen Südafrika verzichtete. Amerika und Australien, die ein derartiges unrühmliches Ende hätten verhindern können, schieden schon vorzeitig aus dem Wettbewerb aus, da sie ihre stärksten Spieler nicht einsetzen konnten, die aus vertraglichen Gründen bei den Profis starten mußten. 1975 siegte mit Schweden erstmals seit 1936 wieder ein europäisches Team, gefolgt von Italien. In der derzeitigen Situation ist es allerdings kaum vorstellbar, daß irgendeine Mannschaft der Tennisnation Nummer eins, den USA, diesen Cup streitig machen könnte.

Bis 1972 brauchte der Titelverteidiger nur in einer sogenannten Herausforderungsrunde (stets vor eigenem Publikum und auf Rasen oder Zement) anzutreten. Die Herausforderer standen daher vor schwierigen Problemen, zumal sie vorher die Interzonen-Begegnungen in Asien, Amerika oder Europa mit rasch folgendem Klimawechsel bestreiten mußten. Einmal nur in der Geschichte des Davispokals erreichte auch ein bundesdeutsches Team diese Herausforderungsrunde. Das war im Jahre 1970, als das Quartett *Wilhelm Bungert, Christian Kuhnke, Ingo Buding* und *Jürgen Faßbender* in Cleveland antrat und klar mit 0:5 unterlag. Die DDR, in deren Bereich der Tennissport nur eine sehr untergeordnete Rolle spielt, nahm bisher nie am Davispokal teil. Der traditionsreiche Mannschaftswettbewerb erlebte 1972 noch eine weitere Zäsur: In jenem Jahr waren erstmals lupenreine Berufsspieler zugelassen, nachdem bis dahin nur sogenannte

Amateure startberechtigt gewesen waren, die unter dem Tisch aber auch schon kräftig kassiert hatten.
Eine Davispokal-Mannschaft besteht aus vier Spielern. Jede Nation kann Ausländer einsetzen, wenn sie noch nicht für ein anderes Land gespielt und wenigstens drei Jahre im neuen Heimatland gewohnt haben. Ein bereits eingesetzter Spieler darf nur dann für eine andere Nation starten, wenn sein eigenes Land die politische Selbständigkeit verlor. So konnten zum Beispiel vor dem zweiten Weltkrieg die Davispokalspieler der Tschechoslowakei und von Österreich für das damalige Dritte Reich antreten.
Davispokalspiele dürfen auf Rasen, Asche, Zement und seit 1972 auch in der Halle (aber nicht auf Holz) ausgetragen werden. Der Holz-(Parkett)boden wurde im Hinblick auf die schnellen skandinavischen Hallen ausgeklammert. Verständlicherweise präsentierten die Nationen mit Heimrecht stets jenen zugelassenen Untergrund, der dem Gast nicht behagte. Der Deutsche Tennis-Bund machte nur einmal von dieser Regel Gebrauch (1970 in Düsseldorf gegen Spanien) und trug dieses sehr viel Staub aufwirbelnde Match auf Zement im Rheinstadion aus.
Während alle Sportarten bei Qualifikationsrunden Hin- und Rückspiele vorsehen, gibt es im Davispokal nur jeweils eine Auseinandersetzung. Ein bis ins kleinste ausgeklügeltes Regelsystem bestimmt die Mannschaft mit dem Heimvorteil, der natürlich unschätzbaren Wert hat. So verloren starke Teams oft auf Rasen gegen Großbritannien. Mit einem Rückspiel auf Asche hätte sich dieser Ausrutscher leicht ausbügeln lassen. Andererseits sorgte dieser Pokal-Modus alljährlich für Spannung und Ungewißheit.
Mit zunehmender Kommerzialisierung des Tennissports hat der Davispokal einiges von seiner einstigen Anziehungskraft auf die Stars eingebüßt. So manchem profitbewußten Profi ist es eher eine Last denn eine Ehre, sein Land in diesem Wettbewerb zu vertreten. Viele Cracks würden eine Reform des Austragungsmodus befürworten, die auf eine Straffung des aufgeblähten und höchst unübersichtlich gewordenen Terminkalenders hinausliefe. *Jimmy Connors,* der seinem Verband in Sachen Davispokal seit Jahren die kalte Schulter zeigt, hat einmal angeregt, für die besten acht oder 16 Mannschaften ein Finalturnier an einem Ort auszurichten, das sich über zwei Wochen erstreckt. Die Teilneh-

mer an diesem Finale könnten zuvor in Qualifikationsrunden ermittelt werden.
Seit 1978 gibt es nun einen von der Vereinigung der Tennis-Profis (ATP) ins Leben gerufenen neuen Wettbewerb, dessen Austragungsform den vorgenannten Vorstellungen sehr nahe kommt: den Nations-Cup. Er findet – vorerst bis 1982 – alljährlich in der zweiten Maiwoche im Düsseldorfer Rochusclub statt. Teilnahmeberechtigt sind acht Teams, deren Spieler jeweils einem Land angehören. Einziges Zulassungskriterium ist die Plazierung der beiden besten Spieler eines Landes auf der aktuellen Computerrangliste der ATP. Das Preisgeld beträgt seit 1980 stolze 400 000 Dollar.

## Der König-Gustaf-Pokal oder auch »Kings Cup«

Um den europäischen Tennissport in den Wintermonaten attraktiver zu gestalten, stiftete der tennisbegeisterte schwedische *König Gustaf Adolf V.* im Jahre 1937 einen Pokal, um den zunächst außer den skandinavischen Ländern nur Frankreich, Belgien, Holland, die Tschechoslowakei und Deutschland kämpften. Nach dem zweiten Weltkrieg wuchs das Interesse an diesem Wettbewerb schlagartig. Da viele Spitzenspieler im Winter nach Übersee flogen, blieb die skandinavische Vorherrschaft erhalten, zumal sich Klassespezialisten wie *Sven Davidson, Lennart Bergelin, Jan-Erik Lundquist, Ulf Schmidt* (alle Schweden) sowie *Kurt Nielsen, Torben* und *Jörgen Ulrich, Jan Leschly* (Dänemark) auch von der sonstigen Weltklasse in der Halle kaum schlagen ließen.
Erst als die Skandinavier ihre dominierende Rolle verloren, gelangten auch andere Länder auf den Siegerthron, so Großbritannien, Frankreich, Italien, die CSSR, Deutschland, Ungarn und Spanien. Deutschland errang seinen einzigen Erfolg im Jahre 1939.
*König Gustaf Adolf V.* gehörte sicherlich zu den schillerndsten Figuren auf den europäischen Tennisplätzen. Er nahm bis ins hohe Alter an Turnieren teil und trat im Doppel nur mit weltbekannten Spielern an, die sich der Bitte des Königs nicht verschließen konnten, sein Partner zu werden, obwohl gravierende

Unterschiede in Alter und Spielstärke bestanden. Zu seinen besten Freunden gehörte auch der deutsche Meisterspieler *Gottfried von Cramm.* Deshalb kam es nach 1945 sofort zu schnellen Kontakten zwischen schwedischen und deutschen Tennisvereinen. Mit der Hinwendung des Tennissports zum totalen Professionalismus, der es erforderte, daß die Berufsspieler von Grand-Prix-Turnier zu Grand-Prix-Turnier hetzten, verlor der König-Gustaf-Pokal immer mehr an Attraktivität und Ausstrahlungskraft. Schließlich führte er ein solch erbärmliches Mauerblümchendasein, daß er im Jahre 1975 gar nicht mehr ausgetragen wurde. Dann nahm sich die neugegründete Europäische Tennis-Union (ETA) des traditionsreichen Wettbewerbs an und reorganisierte ihn von Grund auf. Seit 1976 wird er, nunmehr unter der Bezeichnung »Kings Cup« firmierend, in Form einer Europa-Liga ausgetragen, die sogar einen Unterbau hat, so daß es Auf- und Abstieg gibt. In der oberen Kategorie sind acht Mannschaften in zwei Vierergruppen aufgeteilt, wobei die jeweils gleichplazierten Teams nach Abschluß der Gruppenspiele zur Ermittlung der Endreihenfolge gegeneinander antreten. Die Gruppenersten bestreiten in Hin- und Rückspiel das Finale um den Cupsieg. Jede Mannschaft erhält ein Preisgeld, das nach der erreichten Plazierung bemessen ist.

## Der Federation-Cup

Im Zeitalter der Gleichberechtigung mußte eines Tages auch ein Pokal-Wettbewerb für Damen kommen, zumal gerade die amerikanischen Spielerinnen alles unternahmen, um auch im Tennis stärker an die Öffentlichkeit zu treten. 1963 fand die erste Damen-Weltmeisterschaft für Nationalmannschaften in London statt. Der lange Name blieb nicht lange erhalten, denn der Wettbewerb sollte genügend Popularität erlangen. So wurde er in »Federation-Cup« umbenannt. Im Gegensatz zum Daviscup läuft die gesamte Veranstaltung in einer Woche und jeweils in einem anderen Land ab. Deshalb sehen die Regeln nur zwei Einzelspiele und ein Doppel vor.

Die Mannschaft der Bundesrepublik erreichte zweimal das Finale (1966 in Turin gegen Amerika und 1970 in Freiburg gegen

Australien). *Edda Buding, Helga Masthoff* und *Helga Hösl* erspielten sich nicht nur Plätze auf der Weltrangliste, sondern auch viele erstaunliche Siege auf allen Turnieren in der ganzen Welt. Trotzdem konnten die deutschen Damen die Vorherrschaft von Australien und Amerika niemals brechen.
Diese Spielerinnen sowie jene aus Südafrika und Großbritannien beherrschten dank ihrer Möglichkeit, Tennis auf schnellem Boden (Rasen, Zement) zu erlernen, stets das schnellere Spiel, den besseren Flugball und damit die gesamte restliche Welt. Von den Ländern, die nur auf Asche spielen, kamen lediglich die Bundesrepublik und zuletzt vor allem die CSSR entscheidend voran. Auch in naher Zukunft besteht für Europa keine Chance, die Mädchen aus Übersee von ihrer Favoritenrolle zu verdrängen.

## Die Nachwuchswettbewerbe

Wenn Sie in der Tageszeitung etwas von einer Vor- oder Zwischenrunde um die »Coupe de Galea« (Galea-Pokal) lesen, so lohnt es sich, den Bericht genau zu studieren. Ein Besuch dieser Veranstaltung ist nämlich empfehlenswert. Fragen Sie einen Experten, damit er Ihnen genau sagt, wer mitwirkt. In diesem Wettbewerb (bis 21 Jahre) spielen die Stars von morgen mit. Mit Wilhelm Bungert und Wolfgang Stuck (1959) sowie dem Team Klaus Eberhard, Peter Elter, Uli Marten und Werner Zirngibl (1976) trug sich der Deutsche Tennis-Bund erst zweimal in die Siegerliste ein. Die Sieger von heute finden Sie später auch in der Weltklasse wieder. Ob der Spanier *Manuel Santana,* der Sowjetrusse *Alexander Metreweli* oder der Rumäne *Ilie Nastase* – sie alle nahmen an diesen Kämpfen teil, ehe sie die Erfolgsleiter erklommen. Es kommen wie im Davispokal vier Einzel (aber nur über zwei Gewinnsätze) und ein Doppel (über drei Gewinnsätze) zum Austrag.
Natürlich wollte auch hier der weibliche Nachwuchs nicht zurückstehen. Für ihn wurden die Begegnungen um den »Anne-Soisbault-Pokal« ausgeschrieben. Dieser Wettbewerb leidet allerdings unter der mangelnden Spielstärke der Mädchen. Keiner kennt die Gründe, aber das europäische Mädchentennis stagnierte jahrelang. Nun aber, da auch im Damentennis phantastische

Preisgeldsummen locken, wird eine Belebung auch auf dem weiblichen Nachwuchssektor sicherlich bald zu verzeichnen sein. Vor allem die CSSR bringt Jahr für Jahr große Talente heraus.
Die einzelnen Verbände legen Wert auf große Erfolge in diesen Wettbewerben. Sie steigern ihre Förderungsmaßnahmen. Zuerst blieb der Teilnehmerkreis klein. Jetzt fehlt kein spielstarkes europäisches Land.

## Die Wettbewerbe des Deutschen Tennis-Bundes

Kein Sportverband hält die Erinnerung an herausragende Persönlichkeiten und berühmte Spieler so wach wie der Deutsche Tennis-Bund. Alle fünf Wettbewerbe, die mit den Mannschaften der 13 Mitgliederverbände ausgetragen werden, erhielten die Namen dieser Persönlichkeiten.
Die Herren streiten innerhalb der »Großen Meden-Spiele« um den Sieg. *Carl A. von der Meden* amtierte als erster DTB-Präsident von 1902 bis 1911. Er zeigte sich stets als großer Förderer.
Die Damen erhielten die »Großen Poensgen-Spiele«. *Gustav Poensgen* setzte sich zeitlebens für das deutsche Damentennis ein.
Die Junioren kämpfen alljährlich zum Gedenken von *»Henner Henkel«*, der vor dem zweiten Weltkrieg mit *Gottfried von Cramm* die heute noch unvergessene Davispokal-Mannschaft bildete, die sechsmal die Europazone gewann. *Henner Henkel* fiel im Rußlandfeldzug.
Die Juniorinnen spielen um den »Cilly-Aussem-Schild«. *Cilly Aussem* errang als bisher einzige deutsche Spielerin den Wimbledonsieg im Dameneinzel, obendrein in der bisher einzigen rein deutschen Schlußrunde (gegen *Hilde Krawinkel*).
Die Senioren (Herren ab 45, Damen ab 40) sind in den »Großen Schomburgk-Spielen« zusammengefaßt. *Dr. Wilhelm Schomburgk* war bis zu seiner Ablösung im Dritten Reich ein vortrefflicher und geschickter Leiter des Deutschen Tennis-Bundes.
Der Nachwuchs kämpft unter dem Namen »Von-Cramm-Spiele«. Der beste deutsche Spieler aller Zeiten verunglückte am 9. November 1976 bei einem Autounfall. Diese Wettbewerbe werden alljährlich in einer Vor- und Endrunde ausgetragen, wobei jeweils vier Verbände an einem Spielort aufeinandertreffen.

# Die Spielregeln des Internationalen Tennis-Verbandes

Seit sich immer weniger Tennisspieler bereit finden, bei Turnieren und Mannschaftswettbewerben auf Klubebene als Schiedsrichter zu fungieren, ist eine genaue Regelkenntnis für Freizeitspieler und Turnierspieler gleichermaßen wichtig. Bei größeren Veranstaltungen und Meisterschaften sind Schiedsrichter allerdings nach wie vor unentbehrlich. Deshalb ist man bei internationalen Turnieren sogar bereits dazu übergegangen, die Männer auf dem hohen Stuhl zu bezahlen. Der bekannteste Vertreter aus der Gilde der Profischiedsrichter ist der schwergewichtige Amerikaner *Frank Hammond*, dessen Wochengage immerhin bei etwa 2000 Dollar liegt.

Die Regeln des Internationalen Tennis-Verbandes (ITF), die auch für den Bereich des Deutschen Tennis-Bundes Gültigkeit haben, sind für alle Kategorien von Tennisspielern gemacht – für Weltklassecracks ebenso wie für Turnierneulinge auf der untersten Ebene. Es könnte Ihnen daher nicht schaden, wenn Sie dieses Büchlein für eventuelle Streitfälle stets zur Hand haben. Clevere Spieler erkennen den regelunsicheren Gegner sofort. Bei strittigen Entscheidungen geht der selbstbewußte Spieler, auch wenn er im Unrecht ist, als Sieger hervor. Ich möchte hier nur auf einen, leider zu 99 Prozent falsch ausgelegten Punkt aufmerksam machen. Muß ein Aufschlag wiederholt werden, weil das Spiel durch äußere Einflüsse (Ball rollt vom Nebenfeld ins eigene Spielfeld) unterbrochen wurde, so hat der Aufschläger, auch wenn er vorher nur den zweiten Ball servierte, nun ein Anrecht auf beide Aufschlagbälle. Warum? Weil der Punkt, der infolge äußerer Einflüsse wiederholt werden muß, aus zwei Aufschlägen besteht.

Lassen Sie sich also nicht irremachen. Holen Sie sich dieses Taschenbuch und zeigen Ihrem Gegner die betreffende Regel. Kennen Sie sich erst einmal auf dem Tennisplatz aus, werden Sie über die Unkenntnis der Tennisspieler höchst erstaunt sein.

## Das Einzelspiel

### Regel 1: Spielfeld, Maße, Ausrüstung

Das Spielfeld bildet ein Rechteck von 23,77 m Länge und 8,23 m Breite. Es wird in der Mitte durch ein Netz geteilt, das an einem Seil oder Metallkabel mit einem Maximaldurchmesser von 0,8 cm aufgehängt ist. Die Enden sind am oberen Ende von zwei Pfosten von 1,07 m Höhe befestigt oder darüber hinweggeführt. Die Pfosten dürfen nicht mehr als 15 cm im Quadrat sein oder 15 cm Durchmesser haben. Sie müssen auf jeder Seite mit ihrer Mitte 0,91 cm außerhalb des Spielfeldes stehen. Das Netz muß ganz ausgespannt sein, so daß es den Raum zwischen den beiden Pfosten vollständig ausfüllt. Seine Maschen müssen eng genug sein, so daß ein Durchgang des Balles verhindert wird. Die Höhe des Netzes beträgt in der Mitte 0,914 m, wo es durch einen Gurt von nicht mehr als 5 cm Breite und völlig weißer Farbe straff niedergehalten wird. Das Seil oder Metallkabel sowie der obere Teil des Netzes sollen durch ein Band von völlig weißer Farbe eingefaßt sein, das auf jeder Seite des Netzes nicht weniger als 5 cm und nicht mehr als 6,3 cm breit sein darf. Auf Netz, Gurt, Band und Einzelstützen darf keine Werbung angebracht sein. Die Linien, welche das Spielfeld an den Enden und Seiten begrenzen, werden entsprechend als Grundlinien und Seitenlinien bezeichnet. Auf beiden Seiten des Netzes, je in einem Abstand von 6,40 m und parallel zu dem Netz, werden die als Aufschlaglinien bezeichneten Linien gezogen. Der von dem Netz, der Aufschlaglinie und den Seitenlinien begrenzte Raum wird durch die Aufschlagmittellinie in zwei gleiche Teile geteilt, welche Aufschlagfelder genannt werden. Die Aufschlagmittellinie muß 5 cm breit sein und wird parallel zu den Seitenlinien gezogen.

Jede Grundlinie wird durch eine als Fortsetzung der Aufschlagmittellinie gedachte, 10 cm lange und 5 cm breite Linie, genannt das Mittelzeichen, in zwei Hälften geteilt. Das Mittelzeichen wird innerhalb des Spielfeldes im rechten Winkel zur Grundlinie und in Verbindung mit derselben gezogen. Alle übrigen Linien sollen nicht weniger als $2^1/_2$ cm und nicht mehr als 5 cm breit sein, ausgenommen die Grundlinie, die 10 cm breit sein darf. Alle Maße müssen von der äußeren Seite der Linien gemessen werden.

### Regel 2: Ständige Einrichtungen

Als ständige Einrichtungen des Platzes gelten nicht nur das Netz, die Pfosten, das Seil oder Metallkabel, die Netzeinfassung und der Netzhalter, sondern auch, sofern vorhanden, die hintere und seitliche Einzäunung, die Tribünen, feste oder bewegliche Sitze und Stühle rund um das Spielfeld mitsamt deren Inhabern sowie alle anderen festen Einrichtungen ringsum oder über dem Spielfeld. Das gleiche trifft auch für den Schiedsrichter, die Linienrichter, Fußfehlerrichter, Netzrichter und Balljungen zu, sofern sie sich auf ihren entsprechenden Plätzen befinden.

**Regel 3: Bälle**

Die äußere Hülle des Balles muß glatt und nahtlos sein und weiß oder gelb. Der Durchmesser des Balls darf nicht weniger als 6,35 cm und nicht mehr als 6,67 cm, das Gewicht nicht weniger als 56,70 Gramm und nicht mehr als 58,47 Gramm betragen. Der Ball muß eine Mindestsprunghöhe von 1,35 m und eine Höchstsprunghöhe von 1,47 m haben, wenn er aus einer Höhe von 2,54 m auf eine harte Unterlage fallen gelassen wird. Der Ball soll eine Auf-Deformation von wenigstens 0,56 cm und nicht mehr als 0,74 cm haben wie andererseits eine Rück-Deformation von nicht weniger als 0,89 cm und nicht mehr als 1,08 cm aufweisen bei einem Druck von 8,165 kg. Die beiden Deformationen sollen die Durchschnittsergebnisse von drei einzelnen Längsachsen des Balles sein, von denen keine zwei in jedem Fall mehr als 0,08 cm differieren dürfen. Alle Tests für Sprung, Format und Deformation sollen in Übereinstimmung mit den Bestimmungen des Anhanges hierzu erfolgen.

**Regel 4: Schläger**

Der Schläger muß aus Rahmen und Bespannung bestehen.
*Der Rahmen:* Der Rahmen darf von beliebigem Material und Gewicht, beliebiger Größe und Form sein.
*Die Bespannung:* An ihren Kreuzungspunkten müssen die Saiten abwechselnd verflochten oder verbunden sein. Jede Saite muß mit dem Rahmen verbunden sein. Es dürfen nur Zusätze verwendet werden, die dem Schutz gegen Abnutzung dienen und die Flugbahn des Balles nicht verändern. Der Saitenabstand in der Schlägermitte muß dem durchschnittlichen Saitenabstand der übrigen Bespannung entsprechen.
*Anmerkung zu dieser Regel:* Sinn dieser Regel ist, einen übermäßigen Drall des Balles zu verhindern, der eine Veränderung des Spielcharakters zur Folge haben würde.
Die Bespannung muß so ausgeführt sein, daß eine übermäßige Bewegung zwischen den Saiten nicht erfolgen kann. Dies ist beispielsweise möglich durch 18 Längs- und 18 Quersaiten in gleichmäßigen Abständen und Kreuzungen innerhalb einer Bespannungsfläche von 484 Quadratzentimetern.

**Regel 5: Aufschläger, Rückschläger**

Die Spieler stellen sich auf den gegenüberliegenden Seiten des Netzes auf. Der Spieler, der den Ball zuerst aufschlägt, heißt Aufschläger (Server), der andere Rückschläger (Receiver).

**Regel 6: Aufschlagwahl, Seitenwahl**

Die Seitenwahl und die Wahl zwischen Aufschlag und Rückschlag im ersten Spiel werden durch das Los entschieden. Der die Wahl gewinnende Spieler kann wählen oder von seinem Gegner fordern, zu wählen:

a) Das Recht, Aufschläger oder Rückschläger zu sein, in welchem Fall der andere Spieler die Seite wählen soll;
b) Die Seite, in welchem Fall der andere Spieler das Recht wählt, Aufschläger oder Rückschläger zu sein.

**Regel 7: Aufschlag**

Der Aufschlag ist in folgender Weise auszuführen:
Unmittelbar vor Beginn des Aufschlags muß der Aufschläger mit beiden Füßen in Ruhestellung hinter der Grundlinie (d. h. weiter vom Netz als die Grundlinie), zwischen der gedachten Verlängerung des Mittelzeichens und der Seitenlinie stehen. Der Aufschläger hat nun den Ball mit der Hand in beliebiger Richtung in die Luft zu werfen und denselben mit dem Schläger zu schlagen, bevor er den Boden berührt. Im Augenblick der Berührung des Schlägers mit dem Ball gilt der Aufschlag als erfolgt.
Ein Spieler, der nur einen Arm benutzen kann, darf den Ball mit dem Schläger zwecks Aufschlag in die Luft werfen.

**Regel 8: Fußfehler**

Während des Aufschlags darf der Aufschläger:
a) seine Stellung weder durch Gehen noch durch Laufen verändern;
b) weder mit dem einen noch mit dem anderen Fuß irgendwie das Spielfeld berühren noch sich anders als hinter der Grundlinie innerhalb der gedachten Verlängerung der Mittelmarke und der Seitenlinien befinden.

*Anmerkung:* Die folgende Erläuterung der Regel 8 wurde von der Internationalen Federation am 9. Juli 1958 wie folgt gebilligt.
zu a): Unbedeutende Bewegungen der Füße, die sich nicht wesentlich auf die Stellung des Aufschlägers, die dieser ursprünglich eingenommen hat, auswirken, sollen nicht als »Veränderung seiner Stellung durch Gehen oder Laufen« angesehen werden.
zu b): unter »Fuß« ist im Sinne dieser Regel das untere Glied der Beine unterhalb der Knöchel zu verstehen.
*Anmerkung zur Fußfehlerregel:* Entscheidend ist, ob bei den Service-Bewegungen der Standort wesentlich verändert wird. Die Linie darf weder berührt noch überschritten werden. Damit wird es dem Schiedsrichter leichter gemacht, allfällige Regelverstöße von seinem Standort aus zu erkennen und sicher zu entscheiden. Trotzdem wird man bei internationalen und wichtigen nationalen Spielen nach wie vor einen Fußfehlerrichter bezeichnen, um den Schiedsrichter und allfällig die Linienrichter von dieser Aufgabe zu entlasten. Jeder Schiedsrichter muß sich darüber klarsein, daß Fußfehler durch Berühren der Linie oder Servieren im Gehen und Laufen ein Fehler ist wie jeder andere.

**Regel 9: Seitenwechsel beim Aufschlag**

a) Beim Aufschlag hat der Aufschläger abwechselnd hinter der rechten und hinter der linken Hälfte des Platzes zu stehen, beginnend mit der rechten Hälfte in jedem Spiel. Wenn der Aufschlag von einer falschen Hälfte des Spielfeldes aus erfolgt und dieses nicht bemerkt worden ist, so sollen alle aus solchem Aufschlag oder solchen Aufschlägen resultierende Ergebnisse bestehenbleiben, jedoch die falsche Handhabung von da an, wo sie bemerkt wurde, sofort berichtigt werden.

b) Der Aufschlagball muß das Netz überfliegen und den Boden innerhalb des schräg gegenüberliegenden Aufschlagfeldes oder eine der Linien berühren, die dieses Feld begrenzen, bevor der Rückschläger den Ball zurückschlägt.

**Regel 10: Aufschlagfehler**

Der Aufschlag gilt als Fehler:

a) wenn der Aufschläger gegen eine der Regeln 7, 8 oder 9 verstößt;

b) wenn er den Ball bei dem Versuch, ihn zu schlagen, verfehlt;

c) wenn der Aufschlagball, bevor er den Boden berührt, eine der ständigen Einrichtungen des Platzes trifft, mit Ausnahme des Netzes, der Netzeinfassung oder des Netzhalters.

**Regel 11: Zweiter Aufschlagball**

Nach einem Fehler (wenn es der erste ist) hat der Aufschläger das Recht auf einen weiteren Aufschlag von derselben Seite des Platzes aus, wo er den ersten geschlagen hat, ausgenommen, der Aufschlag war von der falschen Seite aus erfolgt. In Übereinstimmung mit Regel 9 soll der Aufschläger dann das Recht auf einen Aufschlagball von der anderen Seite (Hälfte) aus haben. Nachdem der nächste Aufschlag erfolgt ist, kann ein früherer Fehler nicht mehr geltend gemacht werden.

**Regel 12: Spielbereitschaft**

Der Aufschläger darf nicht servieren, bevor der Rückschläger bereit ist. Versucht der Rückschläger, den Aufschlagball zurückzugeben, so gilt er als spielbereit. Gibt hingegen der Rückschläger zu erkennen, daß er nicht bereit ist, so kann er keinen Aufschlagfehler geltend machen, wenn der Ball nicht den Boden innerhalb des für den Aufschlag bestimmten Feldes berührt hat.

**Regel 13: Wiederholungen**

In allen Fällen, wo die Wiederholung eines Balls gemäß den Regeln oder eine Unterbrechung des Spiels zugestanden wird, soll folgende Handhabung gelten:

a) wenn die Entscheidung lediglich in bezug auf den Aufschlag erfolgt, soll nur ein Aufschlagball nachgespielt werden;

b) erfolgt die Entscheidung in bezug auf irgendwelche anderen Umstände, soll der Punkt wiederholt werden.

**Regel 14: Ungültiger Aufschlag**

Der Aufschlag ist zu wiederholen:

a) wenn der aufgeschlagene Ball das Netz, die Netzeinfassung oder den Netzhalter berührt, vorausgesetzt, daß er sonst richtig fällt, oder – bevor er den Boden berührt – nach Berührung des Netzes, der Netzeinfassung oder des Netzhalters den Rückschläger oder irgend etwas trifft, was dieser an sich hat oder trägt.

b) wenn der Aufschlag (ob er nun gut oder schlecht ausfällt) ausgeführt worden ist, bevor der Rückschläger bereit war. Im Falle eines Netzballes zählt der Aufschlag nicht, und der Aufschläger muß ihn nochmals wiederholen; durch eine solche Wiederholung wird aber ein vorhergegangener Aufschlagfehler nicht annulliert.

**Regel 15: Aufschlagwechsel**

Nach Beendigung des ersten Spiels wird der Rückschläger zum Aufschläger und der Aufschläger zum Rückschläger und so fort, abwechslungsweise für alle nachfolgenden Spiele einer Partie. Schlägt ein Spieler in falscher Reihenfolge auf, so soll derjenige Spieler, der an der Reihe des Aufschlags gewesen wäre, aufschlagen, sobald das Versehen festgestellt ist; alle vor dieser Feststellung gespielten Punkte bleiben gültig. Ist ein Spiel bereits beendet, bevor der Irrtum entdeckt wurde, so bleibt die veränderte Aufschlagordnung bestehen, aber ein vor der Entdeckung geschlagener Aufschlagfehler soll nicht zählen.

**Regel 16: Seitenwechsel**

Die Spieler wechseln die Seiten nach dem ersten, dritten und jedem folgenden ungeraden Spiel eines jeden Satzes sowie am Ende eines jeden Satzes, außer wenn die Gesamtzahl der Spiele dieses Satzes eine gerade ist, in welchem Falle der Wechsel erst nach dem ersten Spiel des nächsten Satzes stattfindet.
Falls hierbei ein Fehler gemacht und die richtige Reihenfolge nicht eingehalten wird, müssen die Spieler die richtige Aufstellung einnehmen, sobald der Fehler bemerkt wird und die ursprüngliche Reihenfolge fortsetzen.

**Regel 17: Ball im Spiel**

Ein Ball ist im Spiel, sobald er aufgeschlagen ist. Er bleibt im Spiel, bis der Punkt entschieden ist, ausgenommen bei einem Aufschlagfehler oder einem zu wiederholenden Ball.

**Regel 18: Punkt für den Aufschläger**

Der Aufschläger gewinnt den Punkt:

a) wenn der aufgeschlagene Ball, soweit er kein Wiederholungsball nach Regel 14 ist, den Rückschläger oder irgendeinen Gegenstand, den dieser trägt oder hält, berührt, bevor er den Boden trifft;

b) wenn der Rückschläger den Punkt auf andere Weise als gemäß Regel 18 verliert.

**Regel 19: Punkt für den Rückschläger**

Der Rückschläger gewinnt den Punkt:
a) wenn der Aufschläger zwei aufeinanderfolgende Aufschlagfehler macht;
b) wenn der Aufschläger auf andere Weise als gem. Regel 20 den Punkt verliert.

**Regel 20: Punktverlust**

Ein Spieler verliert den Punkt:
a) wenn er den im Spiel befindlichen Ball nicht direkt über das Netz zurückschlägt, bevor dieser den Boden zweimal hintereinander berührt hat (ausgenommen die Fälle nach Reg. 24 a oder c);
b) wenn er den im Spiel befindlichen Ball so zurückschlägt, daß dieser den Boden, eine ständige Einrichtung oder einen anderen Gegenstand außerhalb derjenigen Linien trifft, welche das Spielfeld des Gegners begrenzen (ausgenommen die Fälle nach Reg. 24 a und c);
c) wenn er den Ball im Fluge nimmt und einen Fehler macht, gleich, ob er innerhalb oder außerhalb des Spielfeldes steht;
d) wenn er den im Spiel befindlichen Ball mehr als einmal mit seinem Schläger berührt oder schlägt;
e) wenn er oder sein Schläger (gleichgültig, ob er diesen mit der Hand trägt oder nicht) oder irgend etwas, das er an sich hat oder trägt oder hält, das Netz, die Pfosten, das Seil oder Metallkabel, die Netzeinfassung oder den Boden im Spielfeld seines Gegners berührten, während der Ball im Spiel ist;
f) wenn er den Ball als Flugball nimmt, bevor dieser das Netz überflogen hat;
g) wenn der im Spiel befindliche Ball ihn oder irgend etwas, das er an sich hat oder trägt, berührt, ausgenommen den Schläger in seiner Hand oder in seinen Händen;
h) wenn er seinen Schläger nach dem Ball wirft und den Ball berührt.

**Regel 21: Behinderung des Gegners**

Wenn ein Spieler, bewußt oder unwillkürlich, eine Handlung begeht, die nach der Auffassung des Schiedsrichters den Gegner bei der Ausführung des Schlags hindert, muß der Schiedsrichter im ersten Fall den Punkt dem Gegner zusprechen, im zweiten Fall den Punkt wiederholen lassen.

**Regel 22: Linienball**

Fällt der Ball auf eine Linie, so gilt er als auf das von der Linie begrenzte Spielfeld gefallen.

### Regel 23: Berührung einer ständigen Einrichtung

Berührt der im Spiel befindliche Ball eine ständige Einrichtung des Platzes (außer Netz, Pfosten, Seil oder Metallkabel, Netzeinfassung oder Netzhalter), nachdem er den Boden getroffen hat, so gewinnt der Spieler, der ihn geschlagen hat, den Punkt; geschieht dies, bevor er den Boden getroffen hat, so gewinnt der Gegner den Punkt.

### Regel 24: Guter Rückschlag

Die Rückgabe des Balles gilt als gut:

a) wenn der Ball das Netz, den Pfosten, das Seil oder Metallkabel, die Netzeinfassung oder den Netzhalter berührt, vorausgesetzt, daß er oberhalb derselben passiert und den Boden innerhalb des Spielfeldes trifft;

b) wenn der aufgeschlagene oder zurückgegebene Ball den Boden innerhalb des richtigen Spielfeldes trifft und über das Netz zurückspringt oder zurückgeweht wird, und der Spieler, welcher zum Schlagen an der Reihe ist, über das Netz reicht und den Ball spielt, vorausgesetzt, daß weder er selbst noch irgendein Teil seiner Kleidung oder sein Schläger das Netz, die Pfosten, das Seil oder Metallkabel, die Netzeinfassung oder den Netzhalter oder den Boden innerhalb des Spielfeldes seines Gegners berührt und vorausgesetzt, daß der Schlag in jeder anderen Hinsicht gültig ist;

c) wenn der Ball an der Außenseite des Pfostens vorbei zurückgeschlagen wird, sei es über oder unter der oberen Kante des Netzes, selbst wenn der Pfosten berührt, vorausgesetzt, daß er den Boden des richtigen Spielfeldes trifft;

d) wenn der Spieler mit seinem Schläger über das Netz reicht, nachdem er den Ball zurückgeschlagen hat, vorausgesetzt, daß der Ball das Netz überflogen hatte, ehe er geschlagen wurde, und auch sonst ordnungsgemäß zurückgeschlagen wird;

e) wenn es einem Spieler gelingt, den Aufschlagball oder den im Spiel befindlichen Ball zurückzuschlagen, nachdem dieser einen anderen im Spielfeld liegenden Ball getroffen hat.

Anmerkung zu Regel 24: In einem Einzelspiel, welches aus Bequemlichkeitsgründen auf einem für das Doppelspiel hergerichteten Platz stattfindet, welcher aus diesem Grunde für das Einzelspiel mit »Einzelpfosten« versehen ist, gelten die Pfosten für das Doppelspiel sowie derjenige Teil des Netzes, des Seils oder Netzkabels und der Netzeinfassung, der sich außerhalb der Pfosten für das Einzelspiel befindet, immer als ständige Einrichtung und sind nicht als Teile des Netzes oder als Pfosten eines Einzelspiels zu betrachten. Ein Rückschlag, der unter dem Netzseil oder Metallkabel zwischen den Einzel- und den dazugehörenden Doppelpfosten den Ball ohne Berührung weder des Seils oder Metallkabels, des Netzes noch der Doppelpfosten hindurchspielt und ihn im richtigen Spielfeld den Boden treffen läßt, gilt als gut.

**Regel 25: Behinderung**

Wird einer der Spieler durch irgend etwas, auf das er keinen Einfluß hat, außer durch eine der ständigen Einrichtungen des Spielfeldes oder durch eine der in der Regel 21 genannten Ausnahmen im Schlagen behindert, so soll der Punkt nochmals gespielt werden.

**Die Regeln 26 und 27** befassen sich mit der Zählweise, die wir in einem vorausgehenden Kapitel behandelten.

**Regel 28: Satzhöchstzahl**

Die Höchstzahl der Sätze eines Wettspiels darf fünf, bei Teilnahme von Damen drei betragen.

**Regel 29: Damen**

Soweit nicht ausdrücklich anders bestimmt wird, ist in diesen Regeln überall da, wo vom männlichen Geschlecht die Rede ist, auch das weibliche Geschlecht inbegriffen.

**Regel 30: Schiedsrichter, Oberschiedsrichter**

In Wettspielen, für welche ein Schiedsrichter ernannt ist, ist dessen Entscheidung endgültig; wenn ein Oberschiedsrichter ernannt ist, kann eine Berufung über die Entscheidung des Schiedsrichters in Rechtsfragen bei ihm eingelegt werden; in allen diesen Fällen ist die Entscheidung des Oberschiedsrichters endgültig.
In Spielen, wo dem Schiedsrichter Hilfskräfte beigegeben sind (Linienrichter, Netzrichter, Fußfehlerrichter), sollen deren Entscheidungen in Tatfragen endgültig sein, ausgenommen, wenn sie nach Ansicht des Schiedsrichters eine klare Fehlentscheidung getroffen haben. In diesem Fall ist er berechtigt, die Entscheidung des Hilfsrichters abzuändern oder eine Wiederholung anzuordnen. Falls ein solcher Nebenrichter außerstande ist, zu entscheiden, muß er dieses dem Schiedsrichter unverzüglich anzeigen, welcher dann eine Entscheidung zu treffen hat. Falls der Schiedsrichter außerstande ist, eine Entscheidung in einer Tatfrage zu treffen, soll er auf Wiederholung des Punktes entscheiden.
Im Daviscup oder in anderen Mannschafts-Wettkämpfen, bei denen der Oberschiedsrichter auf dem betreffenden Tennisplatz ist, kann jede Entscheidung durch den Oberschiedsrichter abgeändert werden. Dieser kann auch den Schiedsrichter anweisen, den Punkt wiederholen zu lassen.
Der Oberschiedsrichter kann jederzeit nach seinem Ermessen für ein Wettspiel aufgrund der Dunkelheit, der Witterung oder des Zustandes des Platzes Aufschub eines Matches anordnen. In jedem Fall der Aufschiebung sollen der vorhergehende Spielstand und die vorherige Belegung der Plätze Geltung behalten, ausgenommen, daß der Oberschiedsrichter und die Spieler sich einmütig anders einigen.

## Regel 31: Unterbrechungen

Es muß vom ersten Aufschlag bis zum Schluß des Wettspiels ohne Unterbrechung gespielt werden.

a) Dessenungeachtet hat jeder Spieler nach Beendigung des dritten Satzes, wenn Damen mitspielen, des zweiten Satzes, den Anspruch auf eine Ruhepause, welche 10 Minuten nicht überschreiten darf. In Ländern, die zwischen 15° nördl. Breite und 15° südl. Breite liegen, darf diese Pause nicht länger als 45 Minuten dauern.
   Wenn Umstände, auf welche die Spieler keinen Einfluß haben, es erforderlich machen, kann der Schiedsrichter das Spiel für einen Zeitraum unterbrechen, den er für erforderlich hält.
   Wenn ein unterbrochenes Wettspiel erst an einem der folgenden Tage fortgesetzt wird, darf die Pause erst nach dem 3. an diesem Tage gespielten Satz gemacht werden (wenn Damen mitspielen, nach dem 2. Satz); die Beendigung eines begonnenen Satzes zählt als ganzer Satz. Wenn ein unterbrochenes Wettspiel nicht vor Ablauf von 10 Minuten am gleichen Tage fortgesetzt wird, darf die Pause erst nach drei aufeinanderfolgenden, ohne Unterbrechung gespielten Sätzen gemacht werden (wenn Damen mitspielen, nach dem zweiten Satz); die Beendigung eines begonnenen Satzes zählt als ganzer Satz.
   Jede Nation kann diesen Vorbehalt ändern oder aus ihren Bestimmungen für Turniere und Mannschaftswettkämpfe in ihrem eigenen Land streichen, soweit es sich nicht um die internationalen Tennismeisterschaften handelt (Daviscup und Federation-Cup).
b) Ein Wettspiel darf niemals unterbrochen, verzögert oder gestört werden, um einen Spieler ausruhen oder Atem schöpfen zu lassen.
c) Spätestens 30 Sekunden nach dem Ende eines Punktes muß der nächste Aufschlag ausgeführt sein.
   Werden die Seiten gewechselt, muß der Aufschlag zum ersten Punkt des nächsten Spiels spätestens eine Minute und 30 Sek. nach dem Ende des letzten Punktes des vorangegangenen Spiels erfolgt sein.

Diese Bestimmungen sind genau einzuhalten. Der Schiedsrichter allein entscheidet über jede Unterbrechung, Verzögerung oder Störung und kann den Schuldigen nach eindeutiger Verwarnung disqualifizieren.

*Anmerkung:* Ein Turnierausschuß kann die Zeitdauer des Einschlagens vor einem Wettspiel nach eigenem Ermessen bestimmen. Es wird empfohlen, daß 5 Minuten nicht überschritten werden.

## Regel 32: Beratung von Spielern

Während eines Wettspiels darf ein Spieler keine Anleitungen oder Ratschläge einholen. Nur beim Seitenwechsel in Mannschaftswettkämpfen darf er von einem Mannschaftsführer, der auf dem betreffenden Tennisplatz sitzt, Weisungen entgegennehmen.

**Regel 33: Falsche Reihenfolge beim Ballwechsel**

Wenn in Wettkämpfen, bei denen nach einer vereinbarten Zahl von Spielen die Bälle gewechselt werden, dies jedoch nicht in der richtigen Reihenfolge geschieht, muß der Fehler dann berichtigt werden, wenn der Spieler (oder beim Doppelspiel das Paar) wieder Aufschlag hat, der (das) mit den neuen Bällen hätte aufschlagen sollen.

# Das Doppelspiel

**Regel 34:**

Die obigen Regeln gelten auch für das Doppelspiel mit folgenden Ausnahmen:

**Regel 35: Ausmaße des Spielfeldes**

Das Spielfeld für das Doppelspiel beträgt in der Breite 10,97 m, d. h. 1,37 m auf jeder Seite mehr als das Spielfeld für das Einzelspiel. Diejenigen Teile der Einzelspielseitenlinien, welche zwischen den beiden Aufschlaglinien liegen, werden Aufschlag-Seitenlinien genannt. In jeder anderen Hinsicht soll das Spielfeld genau das gleiche sein, wie es Regel 1 beschreibt. Diejenigen Teile der Einzelspielseitenlinien, welche zwischen Grundlinie und Aufschlaglinie liegen, können auf beiden Seiten des Netzes fortgelassen werden.

**Regel 36: Reihenfolge des Aufschlags**

Die Reihenfolge des Aufschlags soll zu Beginn eines jeden Satzes folgendermaßen entschieden werden:
Dasjenige Paar, welches das Recht zum Aufschlag im ersten Spiel eines jeden Satzes hat, soll entscheiden, welcher Partner mit dem Aufschlag beginnen soll.
Das gegnerische Paar hat dasselbe zu tun für das zweite Spiel. Der Partner desjenigen Spielers, welcher im ersten Spiel aufschlug, hat im dritten Spiel aufzuschlagen. Der Partner desjenigen Spielers, der im zweiten Spiel aufschlug, hat im vierten Spiel aufzuschlagen und so fort, abwechselnd in dieser Reihenfolge in allen folgenden Spielen eines Satzes.

**Regel 37: Reihenfolge des Rückschlags**

Die Reihenfolge der Rückschlägerpartei bezüglich des Aufschlags soll zu Beginn jeden Satzes folgendermaßen entschieden werden: Das Paar, welches im ersten Spiel den Aufschlag zurückgeschlagen hat, muß entscheiden, welcher Partner den ersten Aufschlag zum Rückschlag empfängt, und dieser Spieler hat weiterhin während der Dauer des Spiels in jedem ungeraden Spiel während des Satzes den ersten Aufschlag zu empfangen. Das gegnerische Paar soll gleicherweise entscheiden, *wel-*

*cher* Partner in dem zweiten Spiel den ersten Aufschlag empfangen und zurückschlagen soll. Diese Reihenfolge hat dann ebenfalls während der Dauer des Satzes, aber in jedem geraden Spiel, unverändert zu bleiben. Die Partner erwarten die Aufschlagbälle das ganze Spiel hindurch abwechselnd.

**Regel 38: Falsche Reihenfolge beim Aufschlag**

Wenn ein Spieler irrtümlich aufschlägt, ohne daß die Reihe an ihm ist, so soll, sobald der Irrtum entdeckt wird, derjenige Spieler unmittelbar aufschlagen, an dem die Reihe eigentlich gewesen wäre. Die bereits gespielten Punkte und jeder vor der Entdeckung des Irrtums erfolgte Aufschlagfehler werden gerechnet. Wird der Irrtum erst zu Ende eines Spiels bemerkt, so soll die veränderte Reihenfolge des Aufschlags beibehalten werden.

**Regel 39: Falsche Reihenfolge beim Rückschlag**

Wird während eines Spiels die Reihenfolge im Zurückschlagen des Aufschlags von der rückschlagenden Partei geändert, so bleibt diese geänderte Reihenfolge bis zum Ende des Spiels, in dem der Irrtum entdeckt wurde; die Partner müssen aber im nächsten Spiel des Satzes, in welchem sie Rückschläger sind, die ursprüngliche Reihenfolge wieder einhalten.

**Regel 40: Aufschlagfehler**

Der Aufschlag gilt als Fehler in den Fällen der Regel 10 oder wenn der aufgeschlagene Ball den Partner des Aufschlägers berührt oder irgendetwas, was er trägt oder hält. Wenn jedoch der aufgeschlagene Ball, bevor er den Boden berührt – ausgenommen er ist ein Netzball gemäß Regel 14a –, den Partner des Rückschlägers oder irgend etwas, was er trägt oder hält, berührt, so gewinnt der Aufschläger den Punkt.

**Regel 41: Abwechselndes Schlagen der Parteien**

Der Aufschlagball soll abwechselnd von einem der beiden Spieler der gegnerischen Paare geschlagen werden. Wenn ein Spieler in Verletzung *dieser* Regel den im Spiel befindlichen Ball mit seinem Schläger berührt, so gewinnen seine Gegner den Punkt.

# Immer wieder gebrauchte englische Ausdrücke

In keiner Sportart werden so viele englische Ausdrücke benötigt wie im Tennis. Dies bezieht sich nicht nur auf Gespräche der Tennisspieler untereinander, sondern auch auf die Berichterstattung in Wort und Schrift.

| | |
|---|---|
| advantage | Vorteil |
| advantage receiver | Vorteil Rückschläger |
| advantage server | Vorteil Aufschläger |
| backhand | Rückhand |
| back room | Auslauf |
| baseline | Grundlinie |
| break | Durchbrechen des gegnerischen Aufschlags |
| centre court | Hauptplatz |
| centre mark | Mittelzeichen |
| chopshot | Hackschlag |
| court | Platz |
| cross volley | Cross-Flugball |
| deuce | Einstand |
| double | Doppel |
| double fault | Doppelfehler |
| doubles partner | Doppelpartner |
| drive | Treibschlag |
| drop shot | Stoppball |
| fault | (Aufschlag) Fehler |
| foot fault | Fußfehler |
| foot fault judge | Fußfehlerrichter |
| forehand | Vorhand |
| game | Spiel |
| game point | Spielball |
| grand slam | Ausdruck für den Gewinn der vier Meisterschaften von Wimbledon, den Vereinigten Staaten, Australien und Frankreich in einem Jahr |
| grass court | Grasplatz |
| ground stroke | Grundschlag |
| half court | Halbfeld |
| half court line | Mittelaufschlaglinie |
| half volley | Halbflugball |
| hard court | Hartplatz (Asche) |

| | |
|---|---|
| lawn court | Rasenplatz |
| let | Netzball |
| linesman | Linienrichter |
| lob | Hochball |
| love | Null |
| match | Wettspiel |
| match point | Matchball |
| men's double | Herrendoppel |
| men's single | Herreneinzel |
| mixed double | gemischtes Doppel |
| net | Netz |
| net post | Netzpfosten |
| net umpire | Netzrichter |
| open event | offenes Turnier |
| out | aus |
| overhead game | Überkopfspiel |
| passing shot | Passierschlag |
| power game | Ausdruck für australische und amerikanische Spielweise mit Aufschlag und Flugball |
| prize money | Preisgeld |
| racket | Schläger |
| rally | Ballwechsel |
| receiver | Rückschläger |
| referee | Oberschiedsrichter |
| return | Rückschlag |
| seeding list | Setzliste (bei Turnieren) |
| serve | aufschlagen |
| server | Aufschläger |
| service | Aufschlag |
| service court | Aufschlagfeld |
| service line | Aufschlaglinie |
| set | Satz |
| set point | Satzball |
| sideline | Seitenlinie |
| side room | Seitenauslauf |
| single | Einzel |
| shot | Schlag |
| slice | unterschnittener Ball |
| smash | Schmetterball |
| string | Saite (vom Tennisschläger) |
| stroke | Schlag |
| tennis court | Tennisplatz |
| tie break | Spielverkürzung beim Stand von 6:6, 7:7 oder 8:8 |
| topspin | überrissener Ball |
| touch the line | die Linie berühren |
| twist | Drall (beim Aufschlag) |

| | |
|---|---|
| umpire | Schiedsrichter |
| volley | Flugball |
| WCT (World Championship Tennis) | Weltmeisterschafts-Tennis (Abkürzung für die Turnierserie von Lamar Hunt) |
| winning stroke | Gewinnschlag |
| women's double | Damendoppel |
| women's single | Dameneinzel |

# Register